Fantasia

Aus dem Reich
phantastischer Literatur

Idee und Design
von
Franco Maria Ricci

Die Salzsäule

von
Leopoldo Lugones

Mit einem Vorwort von
Jorge Luis Borges

Bechtermünz

Genehmigte Lizenzausgabe
für Weltbild Verlag GmbH, Augsburg 2000

Vorwort von Jorge Luis Borges
Copyright © by Franco Maria Ricci Editore, Mailand
Deutsche Übersetzung von Maria Bamberg
Copyright © 1983 by Weitbrecht Verlag in K. Thienemanns Verlag,
Stuttgart, Wien

Originaltitel der Erzählungen:

Yzur
La lluvia de fuego
La estatua de sal
Los caballos de Abdera
Un fenómeno inexplicable
Francesca
Abuela Julieta

Aus dem Spanischen von Arthur Wagner,
Copyright © 1983 by Weitbrecht Verlag in K. Thienemanns Verlag,
Stuttgart, Wien

Design von Franco Maria Ricci und Marcella Boneschi, Mailand

Gesamtherstellung: Freiburger Graphische Betriebe
Printed in Germany
ISBN 3-8289-6767-1

*Wenn wir die ganze Entwicklung der argentini-
schen Literatur an einem einzigen Mann darstellen
wollten (niemand zwingt uns natürlich zu solch
überspitzter Verkürzung), dann wäre dies unbe-
streitbar Leopoldo Lugones. In seinem Werk steckt
unser Gestern und das Heute und vielleicht das
Morgen. Unsere Vergangenheit steckt im* Imperio
Jesuítico (Das Jesuitenreich), *in* El payador (Der
Barde) *und in* Historia de Sarmiento (Die Geschichte Sarmientos); *seine eigene Zeit, die des
Modernismus, in* Las montañas del oro (Die Goldberge) *und in* Los Crepúsculos del Jardín (Der
Abend im Garten). El lunario sentimental (Die
Mondphasen der Empfindung), *aus dem Jahre
1909, nimmt alles vorweg und übertrifft alles, was
wir später gemacht haben. Das Werk Martínez
Estradas und von Güiraldes sind nicht zu denken
ohne ihn. Das ist die positive Seite. Die andere war*

seine Neigung, die Praxis der Literatur als Spiel mit dem Wort anzusehen, Spiel mit allen Wörtern aus dem Lexikon; fünfzehn Jahre, bevor die ultraistische Sekte die Poesie, die so vielfältig und so geheimnisvoll ist, auf eine einzige Figur, die Metapher, reduzieren wollte. Strenggenommen genügt ein einziger Vers ohne Metapher «la bocca mi bació tutto tremante» (Des Mundes Kuß ließ mich erbeben), *um dieses Dogma zu entkräften.*

Vier wegweisende Dichter gab es für Lugones. 1897 waren es, nach seinem Erstlingsgedicht Las montañas del oro (Die Goldberge) *zu urteilen, Homer, Dante, Hugo und Walt Whitman; 1909 ließ er, im Vorwort zu* Lunario sentimental, *Whitmans Namen weg, weil dieser auf den Reim verzichtete, den Lugones als grundlegend für den modernen Vers hielt. Es ist bezeichnend, daß er keinen spanischen Namen nennt. Die unterschiedliche und breitgefächerte Arbeit von Leopoldo Lugones ist noch keineswegs ausreichend erforscht. Sein gesamtes Werk ist vom Französischen oder vom Wörterbuch-Spanischen her gedacht, außer den* Romances del Río Seco (Romanzen vom Río Seco) *aus dem Jahre 1938, die von einer fast anonymen Schlichtheit sind. Er war Dichter, Erzähler, Kritiker, Historiker, Lexikograph, Redner und, ohne besonderes Glück, Hellenist und Übersetzer Homers. Es machte ihm Freude, junge Dichter «zu entdecken» und zu ermuntern.*

Sein Glück kann niemand verheimlichen; bei Lugones war, trotz seines Stolzes und seiner Zurückhaltung, die Trostlosigkeit offenkundig. Als man mir

vor etwa vierzig Jahren telefonisch seinen Selbst-
mord mitteilte, empfand ich Kummer, aber keine
Überraschung, denn mir war deutlich, daß sein
ganzes Leben, voller Widerrufe und Verzichte, ein
immer wieder aufgeschobener Selbstmord war.
«Herr ist der Mensch über sein Leben wie auch über
seinen Tod», hat er gesagt, mit einem Satz, den
Seneca nicht verschmäht hätte.

Lugones wurde 1874 in der zentralargentinischen
Provinz Córdoba geboren, und 1938 gab er sich
den Tod auf einer der vielen Inseln im Tigredelta,
wenige Kilometer südlich von Buenos Aires. Er
hinterließ ein unvollendetes Diccionario del castel-
lano usual *(Lexikon der spanischen Umgangsspra-*
che), dessen erster Band den Buchstaben A nicht zu
Ende bringt und von ungebräuchlichen Wörtern
wimmelt. In dem Essay El tamaño del espacio (Die
Größe des Raumes) *untersuchte er Einsteins Theo-*
rien. Unter anderem war er auch Lehrer und
Journalist. Er entstammte einer Familie mit militä-
rischer Tradition; seine Kurzsichtigkeit hinderte
ihn daran, zum Vorteil der Literatur, Soldat zu
werden, aber er erlegte sich stets eine moralische
Disziplin auf. Man hat ihm seinen politischen Wan-
kelmut vorgeworfen, aber 1890 Anarchist zu sein,
1914 auf der Seite der Alliierten zu stehen und
sich 1930 für den Faschismus zu begeistern, gehört
zu den unterschiedlichen Bekundungen von Ehr-
lichkeit bei einem Mann, den ein und dasselbe
Problem interessiert und der im Lauf der Zeit
widersprüchliche Lösungen dafür findet. Ich habe
nur wenig mit ihm zu tun gehabt, meine Schüch-

ternheit trug dazu bei. Mir ist das Bild eines eigenbrötlerischen und hochfahrenden Mannes in Erinnerung geblieben, der alles abzustreiten pfleg- te, was man sagte, und der sich spitzfindige Gründe ausdachte, um seine Ablehnung zu rechtfertigen.

Ohne den Ruhm des Prosaschriftstellers zu schmä- lern, liegt doch das Hauptgewicht seiner Leistung auf dem Gebiet der Poesie; im Gedächtnis jedes Argentiniers spuken Verse von ihm, die man sich halblaut aufsagt, ohne daß man sich, manchmal, an den Namen des Autors erinnert: «Der blaue Berg duftete von Rosmarin, und tief im Felde pfiff das Rebhuhn...»

Hier wollen wir uns auf die Betrachtung einiger seiner phantastischen Geschichten beschränken, die aus dem Jahre 1906 stammen und die dem vorgreifen und das übertreffen, was wir heute als Science-fiction bezeichnen. Offensichtlich wurde er von Edgar Allan Poe und H.G. Wells beeinflußt, aber diese Texte waren jedermann zugänglich und nur Lugones schrieb Yzur. Yzur *ist die erste Erzäh- lung aus unserer Reihe. Damals war die Prosa visuell und überladen; Lugones, der die Erzählung einem Wissenschaftler in den Mund legt, schreibt ab- sichtlich nüchtern, aber nicht frei von verhaltener Leidenschaft.* Yzur, *das die Gattung der Science- fiction in unserer Sprache einleitet, bezieht einen Teil seiner Wirkung aus der Tatsache, daß wir niemals erfahren werden, ob das Ende einer Wirk- lichkeit oder einem wahnhaften Wunsch des Erzäh- lers entspricht, der mit seinem Affen dem Wahnsinn verfallen ist.* La lluvia de fuego (Der Feuerregen) *ersinnt auf lebendige und präzise Art, was in den Städten im Flachland passiert sein könnte; vielleicht ist es nicht uninteressant darauf hinzuweisen, daß Lugones Hebräer notorische griechische Epikuräer sind.*

Auch La estatua de sal (Die Salzsäule) *ist biblischen Ursprungs, aber Lugones reichert die allbekannte Geschichte mit einem ungewöhnlichen Geheimnis an. Für Lugones war eine Lektüre ein nicht weniger intensives Erlebnis als jedes andere. Offensichtlich stammt die Erzählung* Los caballos de Abdera (Die Pferde von Abdera) *von Hérédias Sonett* La fuite des Centaures *ab; aber ebenso offensichtlich übertrifft sie ihr Vorbild. Wir brauchen nur den plumpen Vers* L'horreur gigantesque de l'ombre herculéenne *mit der Schlußphrase unseres Autors zu vergleichen. Der Anfang ist einfach reizvoll, dann wird es grausig, und das Grausige leitet über zum mythologischen Wunderding. In* Un fenómeno inexplicable (Ein unerklärliches Phänomen) *berichtet Lugones, ein wenig in Wellsscher Manier, auf schlichte und bedächtige Weise von einem unerhörten Ereignis, dessen absichtlich prosaischer Titel dem unauffälligen Erzähler angemessen ist. In dem bewundernswerten Sonett* Alma venturosa (Glückliche Seele) *hatte Lugones schon das Thema zweier Menschen behandelt, die sich lieben, ohne es zu wissen, und die es plötzlich gleichzeitig entdecken: In* Francesca *unternimmt er den Versuch, sich mit dem V. Gesang des* Inferno *zu messen, und das Neuartige dieser Aventüre liegt in dem innigen Ton.* Abuela Julieta (Großmutter Julia) *ist eine überaus zarte Liebesge-*

11

schichte. Die *Wehmut über die unwiederbringliche Zeit, die Gegenwart des Mondes, die verhohlene Erregung, durch die guten Sitten verdrängt, machen dieses Werk von Lugones zu einem seiner besten.*

In Europa hat man ihn bislang nie zur Kenntnis genommen, weil er in Argentinien geboren wurde, das damals sehr weit weg lag, und ich erfülle ein mir selbst gegebenes Versprechen, wenn ich sein Werk in Europa, einem Kontinent, den er so sehr geliebt hat, bekannt mache.

Jorge Luis Borges

Ich kaufte den Affen in einem Zirkus, der Bankrott gemacht hatte.

Der Gedanke zu diesem Experiment, über das ich hier berichten will, kam mir an einem Abend, als ich irgendwo las, daß die Eingeborenen von Java das Fehlen einer artikulierten Sprache bei den Affen auf freiwilligen Verzicht und nicht auf Unfähigkeit zurückführten. «Sie sprechen nicht», behaupten die Eingeborenen, «um nicht arbeiten zu müssen.»

Dieser anfangs nur beiläufig aufgenommene Gedanke ließ mich bald nicht mehr los und veranlaßte mich, folgende anthropologische These aufzustellen: Die Affen waren ursprünglich Menschen gewesen, die aus irgendeinem Grund zu sprechen aufgehört hatten. Dies wiederum führte zur Verkümmerung der Sprechorgane und des Sprachzentrums im Gehirn und schwächte die Verbindung zwischen

beiden so sehr, daß sie schließlich ganz verloren-
ging und der unartikulierte Schrei die Sprache der
Gattung wurde. Der primitive Mensch sank wieder
zum Tier herab.

Könnte man dies beweisen, hätten gewiß alle Ei-
gentümlichkeiten, die aus dem Affen ein so sonderbares Tier machen, eine Erklärung gefunden. Hier-
zu gäbe es jedoch nur eine Möglichkeit: den Affen
wieder zum Sprechen zu bringen.

Unterdessen war ich mit meinem Affen durch die
Welt gereist und hatte ihn durch viele Erlebnisse
und Abenteuer noch enger an mich gebunden. In
Europa erregte er große Aufmerksamkeit, und
wenn ich es gewollt hätte, hätte ich ihn so berühmt wie einen *Konsul* machen können, aber
meine Ehrlichkeit als Geschäftsmann vertrug sich
schlecht mit solcher Scharlatanerie. Die fixe Idee
von der Affensprache hatte von mir Besitz ergriffen,
und so las ich die ganze Literatur zu diesem Thema,
ohne jedoch zu einem greifbaren Ergebnis zu kommen. Ich war mir nur einer Sache vollkommen
sicher: *Es gibt keinen wissenschaftlichen Grund
dafür, daß Affen nicht sprechen können.* Meine
Nachforschungen dauerten fünf Jahre.

Yzur (ein Name, dessen Herkunft ich ebensowenig
wie sein früherer Herr erhellen konnte) war in der
Tat ein bemerkenswertes Tier. Obwohl sich die
Zirkusdressur fast ausschließlich auf Nachahmung
beschränkte, hatte er hierdurch viele Fähigkeiten
entwickeln können, und dies war ein weiterer An-
reiz für mich, meine scheinbar verrückte Theorie
an ihm zu erproben.

Außerdem hat ja, wie man weiß, der Schimpanse (Yzur war ein Schimpanse) von allen Affen das am besten entwickelte Gehirn und ist einer der gelehrigsten, was meine Chancen erhöhte. Jedesmal, wenn ich ihn auf seinen zwei Beinen, die Hände auf dem Rücken, um das Gleichgewicht zu halten, wie einen betrunkenen Seemann gehen sah, verstärkte sich in mir die Überzeugung von seiner nicht voll entfalteten Menschlichkeit.

Es besteht wirklich kein Grund, weshalb ein Affe nicht richtig artikulieren sollte. Seine natürliche Sprache, das heißt das Repertoire von Lauten, das ihm zur Verständigung mit seinen Artgenossen dient, ist äußerst vielfältig. Mag sich sein Kehlkopf noch so sehr von dem des Menschen unterscheiden, nie wird dieser Unterschied je so groß sein wie beim Papagei, der ja trotzdem sprechen kann. Und was sein Gehirn angeht – einmal ganz abgesehen davon, daß ein Vergleich mit dem letztgenannten Tier keinen Zweifel an seiner Überlegenheit aufkommen läßt, braucht man nur zu bedenken, daß das Gehirn eines Schwachsinnigen ebenfalls unentwickelt ist und manche von ihnen dennoch Wörter aussprechen können. Im Hinblick auf die Brocasche Hirnwindung wäre zu beachten, daß diese natürlich von der Gesamtentwicklung des Gehirns abhängt; aber abgesehen davon ist es keineswegs bewiesen, daß die Sprache *in jedem Fall* hier lokalisiert ist. Wenn sie auch, anatomisch betrachtet, die günstigste Stelle ist, so gibt es doch unleugbare Fakten, die dagegen sprechen.

Zum Glück haben Affen neben einer Vielzahl

schlechter Eigenschaften Freude am Lernen, wie ihr Nachahmungstrieb beweist. Dazu besitzen sie ein gutes Gedächtnis, Reflexionsfähigkeit, die bis zur Verstellung reicht, und eine vergleichsweise sehr viel stärker entwickelte Aufmerksamkeit als etwa ein Kind. Somit sind alle Voraussetzungen für einen guten Schüler erfüllt.

Mein Affe war außerdem noch jung und, wie man weiß, ist beim Affen die Jugend die Zeit mit der größten geistigen Beweglichkeit, worin er dem Neger gleicht. Die Schwierigkeit bestand lediglich in der Methode, mit der ich ihm das Sprechen beibringen würde.

Ich kannte alle erfolglosen Versuche meiner Vorgänger, und ich brauche wohl kaum zu erwähnen, daß ich mehr als einmal am Erfolg meiner Pläne zweifelte, weil manche von ihnen große Experten waren und ihre Bemühungen dennoch fehlgeschlagen waren. Schließlich kam ich nach unendlichen Überlegungen zu folgender Schlußfolgerung: *Zunächst müssen die Sprechorgane des Affen entwickelt werden.*

Dies entspricht genau der Behandlungsmethode bei Taubstummen, bevor man sie zu artikulieren lehrt. Kaum hatte ich das so recht bedacht, da wurde mir auch die Analogie zwischen Taubstummen und Affen voll bewußt. Zunächst vor allem ihre außerordentlichen mimischen Fähigkeiten, mit denen sie das Fehlen artikulierten Sprechens ausgleichen und zeigen, daß Denken auch ohne Sprechen möglich ist, selbst wenn die Denkfähigkeit durch die Lähmung der Sprechfähigkeit vermindert ist. Da-

neben die auffallend ausgeprägten Charakterei-
genschaften Fleiß, Treue und Mut. Diese werden
durch zwei Eigenschaften bestätigt, die bezeich-
nenderweise zusammen vorkommen: ihre Fähigkeit zu Balanceakten und ihre Schwindelfreiheit.

Ich beschloß also, bei meinem Affen mit einer
richtigen Lippen- und Zungengymnastik anzufan-
gen und ihn auf diese Weise wie einen Taubstummen zu behandeln. Allerdings würde mir seine
Hörfähigkeit die Arbeit sehr erleichtern, so daß ich
eine direkte Verständigung mit Wörtern herstellen
konnte, ohne den Tastsinn zu Hilfe zu nehmen. Der
Leser wird bald erfahren, daß ich in dieser Hinsicht
etwas zu optimistisch war.

Zum Glück hat der Schimpanse von allen Affen die
beweglichsten Lippen, und in diesem speziellen
Fall war es sogar so, daß Yzur auf Grund einer
Angina gelernt hatte, seinen Mund für die Untersuchung zu öffnen.

Die erste Prüfung bestätigte zum Teil meinen Ver-
dacht. Die Zunge verharrte wie eine träge Masse auf
dem Mundboden und beschränkte ihre Bewegungen auf das Schlucken. Die Übungen hatten Erfolg,
und nach zwei Monaten konnte er bereits die Zunge
herausstrecken, um jemanden zu necken. Zum
ersten Mal konnte er eine Verbindung zwischen
Zungenbewegung und einem Begriff herstellen,
eine Verbindung, die im übrigen sehr gut zu seinem
Charakter paßte.

Mit den Lippen hatte ich mehr Arbeit. Ich mußte sie
sogar mit einer Pinzette auseinanderziehen. Doch
erkannte er – wohl an meinem Gesichtsausdruck –

die Wichtigkeit eines solch ungewöhnlichen Unternehmens und ließ es bereitwillig geschehen. Während ich die Lippenbewegungen ausführte, die er nachahmen sollte, saß er da, kratzte sich am Rükken, blinzelte mit den Augen, wenn ihn Zweifel quälten, oder er strich sich über die Backen wie ein Mensch, der mit Hilfe rhythmischer Gebärden seine Gedanken zu ordnen versucht. Schließlich lernte er, die Lippen zu bewegen.

Aber Sprechen ist eine schwere Kunst, wie die lange Lallphase bei Kindern zeigt, die sich mit diesen Übungen parallel zur geistigen Entwicklung eine gewisse automatische Fertigkeit aneignen. Tatsächlich ist die Innervation der Stimme nachweislich so mit dem Sprechen verbunden, daß die normale Entwicklung beider Gehirnzentren von regelmäßiger Übung abhängt. Dies hatte Heinicke, der die Artikulationsmethode im Taubstummenunterricht einführte, bereits 1785, ausgehend von philosophischen Überlegungen, erkannt. Er sprach von einer «dynamischen Verkettung der Gedanken», ein Ausdruck, der so klar ist, daß er mehr als einem der heutigen Psychologen zur Ehre gereichen würde.

Was das Sprechen anging, so befand sich Yzur in der gleichen Lage wie ein Kind, das bereits viele Wörter versteht, bevor es sprechen kann. Doch war er wegen seiner größeren Lebenserfahrung sehr viel eher dazu fähig, seine Vorstellungen von den Dingen mit Wörtern zu assoziieren.

Diese Vorstellungen, die wegen ihrer Verschiedenartigkeit nicht nur auf Eindrücken, sondern, was

18

abstrakte Denkfähigkeit voraussetzt, auch auf Nachforschungen und Überlegungen beruhen mußten, verliehen ihm einen höheren Intelligenzgrad, der für mein Vorhaben gewiß sehr vorteilhaft war.

Wem meine Theorie zu gewagt scheint, der möge bedenken, daß der Syllogismus, also der einfachste logische Schluß, dem Denken vieler Tiere nicht fremd ist. Schließlich beruht der Syllogismus ursprünglich auf einem Vergleich zwischen zwei Eindrücken. Wie wäre es andernfalls möglich, daß Tiere, die den Menschen kennen, vor ihm fliehen, während andere, die ihn nicht kennengelernt haben, dies nicht tun?...

Ich begann also mit Yzurs Ausspracheunterricht.

Zunächst ging es darum, ihm den reinen Artikulationsvorgang beizubringen, um ihn dann nach und nach zum sinnvollen Sprechen hinzuführen.

Da der Affe im Gegensatz zum Taubstummen Stimme besitzt und sehr viel präzisere Artikulationsbewegungen beherrscht, ging es darum, ihn die für die Laute charakteristischen stimmlichen Veränderungen zu lehren, also die Artikulation, die von den Wissenschaftlern als statisch oder dynamisch bezeichnet wird, je nachdem, ob es sich um Vokale oder Konsonanten handelt.

Weil Affen Leckermäuler sind, beschloß ich, Heinickes Methode der Taubstummenbehandlung zu folgen und jeden Vokal mit etwas Eßbarem zu assoziieren: *a* mit *Ananas,* *e* mit *Gelee,* *i* mit *Milch,* *o* mit *Honig* und *u* mit *Kuchen.* Der jeweilige Vokal war also in den Wörtern enthalten, möglichst allein, wie in *Ananas, Gelee* und *Milch,* zumindest aber als der Laut, der den Wortakzent trug, wie in *Honig* und *Kuchen.*

Alles ging gut, solange es sich um Vokale handelte, also Laute, die mit offenem Mund gebildet werden. Yzur lernte sie in zwei Wochen. Die Aussprache des *u* bereitete ihm die meisten Schwierigkeiten.

Mit den Konsonanten hatte ich unbeschreibliche Mühe, und schon bald mußte ich einsehen, daß er die Laute, bei deren Bildung Zähne und Alveolen beteiligt sind, nie würde aussprechen können. Seine langen Eckzähne waren ein unüberwindliches Hindernis.

So blieb der Lautbestand auf die fünf Vokale und die Konsonanten *b, k, m, g, f* und *s* beschränkt, das heißt Laute, bei deren Bildung allenfalls Zunge und Gaumen beteiligt sind.

In diesem Fall reichte das Gehör allein nicht mehr. Wie bei einem Taubstummen mußte ich den Tastsinn zu Hilfe nehmen, indem ich seine Hand zuerst auf meine, dann auf seine Brust legte, damit er die Schwingungen spüren konnte.

Es vergingen drei Jahre, ohne daß es mir gelang, aus ihm auch nur ein einziges vollständiges Wort herauszubringen. Er bezeichnete die Dinge mit dem Laut, der in dem jeweiligen Wort vorherrschte. Mehr konnte er nicht.

Im Zirkus hatte er bellen gelernt, wie die Hunde, mit denen er zusammen auftrat, und wenn er sah, wie ich bei meinen Versuchen, ihm ein Wort zu entlocken, fast verzweifelte, bellte er laut, als wolle er mir alle seine Künste vorführen. Er konnte

Vokale und Konsonanten einzeln aussprechen, sie aber nicht verbinden. Es gelang ihm höchstens, viele *p* oder *m* rasend schnell nacheinander aufzusagen.

Es war eine tiefgreifende Veränderung in seinem Charakter eingetreten, wie langsam diese Entwicklung auch sein mochte. Seine Gesichtsbewegungen waren weniger grimassenhaft, sein Blick verständiger und seine Haltung oft nachdenklich. So hatte er zum Beispiel die Gewohnheit angenommen, die Sterne zu betrachten. Außerdem war er sensibler geworden und brach leicht in Tränen aus.

Der Unterricht wurde beharrlich fortgesetzt, auch wenn sich kein Erfolg einstellte. Ich wurde von einer fixen Idee gequält und neigte immer mehr dazu, Gewalt anzuwenden. Der Mißerfolg verbitterte mich allmählich, bis ich Yzur gegenüber richtige Abneigung empfand. Dieser wiederum entfaltete hinter der Fassade widerspenstiger Schweigsamkeit sein Denkvermögen und begann mich zu überzeugen, daß ich ihn nie von dem Zustand würde wegbringen können. Mir wurde mit einem Mal klar, daß er nicht sprach, weil er nicht wollte.

Eines Abends kam der Koch entsetzt zu mir, um mir mitzuteilen, daß er den Affen dabei überrascht hatte, wie er «richtige Wörter sagte». Er kauerte seinem Bericht zufolge unter einem Feigenbaum im Garten. Aber der Schrecken hinderte ihn, sich an das Wichtigste zu erinnern, nämlich an die Wörter selbst. Er hatte nur noch zwei in Erinnerung behalten: *Kakao* und *Papier*. Am liebsten hätte ich ihn für seine Dummheit verprügelt.

Ich brauche wohl kaum zu sagen, daß ich die ganze Nacht über sehr aufgeregt war, und wegen dieser schlaflosen Nacht und meiner übergroßen Neugier machte ich den Fehler, den ich in drei Jahren nicht begangen hatte und der alles verderben sollte.

Anstatt den Affen freiwillig zum Sprechen zu bewegen, rief ich ihn am nächsten Tag zu mir und wollte ihn durch Gehorsam dazu zwingen.

Ich erreichte nur, daß er die *p* und *m*, mit denen er meine Geduld so lange strapaziert hatte, vor sich hin plapperte, scheinheilig mit den Augen zwinkerte und − Gott verzeih' mir die Sünde − einen leichten Anflug von Ironie in seinen quecksilbrigen Grimassen erkennen ließ.

Ich wurde wütend und ohne viel Federlesens gab ich ihm eine Tracht Prügel. Das Ergebnis war, daß er zu weinen anfing und sich in ein hartnäckiges Schweigen hüllte, das ihm sogar das Schluchzen untersagte.

Drei Tage darauf erkrankte er an einer Art melancholischem Wahnsinn, der von Symptomen von Hirnhautentzündung begleitet war: Blutegel, kalte Güsse, Purgativa, ableitende Mittel, Bryonin, Bromkalium, das ganze therapeutische Repertoire zur Behandlung dieser schrecklichen Krankheit wurde bei ihm angewendet. Von Reue und Furcht getrieben, führte ich einen verzweifelten Kampf. Ich empfand Reue, weil ich das Tier für ein Opfer meiner Grausamkeit hielt, und Furcht, weil ich dachte, es könne sein Geheimnis mit ins Grab nehmen.

Nach langer Zeit trat eine Besserung ein, doch war

er weiterhin so schwach, daß er nicht aufstehen konnte. Die Nähe des Todes hatte ihn edler und menschlicher gemacht. Seine Augen, die voller Dankbarkeit waren, ließen mich nicht mehr los und verfolgten mich wie zwei kreisende Kugeln durch das ganze Zimmer, selbst wenn ich hinter ihm stand. In der Vertraulichkeit der Genesung suchte seine Hand die meine, und da ich mich selbst so einsam fühlte, wurde er bald wie ein Mensch für mich.

Der Dämon der Analyse, der nichts anderes als eine Form geistiger Entartung ist, drängte mich jedoch dazu, mein Experiment zu wiederholen. Der Affe hatte ja tatsächlich gesprochen. Ich konnte es nicht dabei bewenden lassen.

Ich begann sehr langsam, indem ich nach den Lauten fragte, die er aussprechen konnte. Nichts! Ich ließ ihn ein paar Stunden in Ruhe und beobachtete ihn durch ein kleines Loch in der Wand. Nichts! Ich sagte ihm kurze Sätze vor, wobei ich an seine Treue oder seine Gefräßigkeit appellierte. Nichts! Waren es pathetische Sätze, dann traten ihm Tränen in die Augen. Sagte ich einen gewöhnlichen Satz, wie «ich bin dein Herr», der Satz, mit dem ich meinen Unterricht zu beginnen pflegte, oder «du bist mein Affe», der Satz, mit dem ich die erste Feststellung ergänzte, um ihm eine unumstößliche Wahrheit bewußt zu machen, dann stimmte er zu, indem er die Augenlider senkte. Aber er gab keinen Laut von sich, er bewegte nicht einmal die Lippen.

Er war zu den Gesten als einzigem Verständigungs-

mittel mit mir zurückgekehrt. Diese Tatsache sowie
die Analogie mit den Taubstummen machte mich
doppelt vorsichtig. Wie man weiß, sind ja Taub-
stumme für Geisteskrankheiten besonders anfällig.
Es gab Augenblicke, in denen ich wünschte, er
würde tatsächlich verrückt, um zu sehen, ob er im
Wahnsinn schließlich sein Schweigen brechen
würde.

Seine Genesung machte keine Fortschritte mehr.
Die gleiche Magerkeit, die gleiche Traurigkeit.
Ganz offensichtlich lag die Ursache für sein Leiden
im Denken und im Schmerz. Seine organische
Einheit war unter der Einwirkung einer abnormen
Gehirnbildung zerbrochen, und sein Fall war mehr
oder weniger ein hoffnungsloser Fall.

Obwohl ihn die fortschreitende Krankheit sanft-
mütig machte, brach er sein Schweigen nicht, jenes
Schweigen, das durch meine Ungeduld hervorgerufen worden war. Aus der dunklen Tiefe einer im
Instinkt verfestigten Überlieferung zwang die Gattung dem Tier ihr jahrtausendealtes Schweigen auf,
das sich durch einen atavistischen Willen im tief-
sten Innern seines Wesens noch verstärkte. Die
ehemaligen Menschen des Dschungels, die irgend-
eine barbarische Ungerechtigkeit zum Schweigen,
also zum geistigen Selbstmord getrieben hatte,
bewahrten ihr in der Wildnis und in vorgeschichtli-
chen Abgründen entstandenes Geheimnis mit einer
bereits unbewußten, aber durch die gewaltigen
Zeiträume unverrückbaren Entschlossenheit.

Ganz gewiß hatte das Unglück des zurückgebliebe-
nen Anthropoiden, der vom Menschen barbarisch

und despotisch in die Knie gezwungen worden war, jene große Familie von Vierhändern aus der Baumherrschaft seines primitiven Paradieses verdrängt, seine Reihen gelichtet, seine Weibchen geraubt, um vom Mutterleib an die Unterwerfung zu erzwingen und schließlich diese überwältigten, machtlosen Wesen zu einem Akt tödlicher Würde zu treiben, durch den sie mit dem Feind auch die zwar höhere, aber unheilvolle Verbindung des Wortes abbrachen und sich als einzige Rettung in die Nacht der Tierheit flüchteten.

Und welch unvorstellbare Grausamkeit mußten die Sieger gegenüber dem sich in der Entwicklung befindenden Halbtier begangen haben, daß es sich, nachdem es von der geistigen Freude, von der Frucht des biblischen Paradieses gekostet hatte, mit diesem Niedergang seiner Art und einer schandvollen Gleichstellung mit dem gewöhnlichen Tier abfand, mit jener Rückentwicklung, die seinen Verstand für immer auf die automatischen Bewegungen eines Akrobaten festlegte, jene große Feigheit vor dem Leben, die es dazu führte, seinen Rücken für immer wie ein Tier zu beugen, und die tief in seinem Innern eine melancholische Verwirrung erzeugt hatte!

An der Schwelle zum Erfolg hatte dies meinen Ärger über sein Verharren im atavistischen Zustand hervorgerufen. Nach Millionen von Jahren hatte das Wort mit seiner beschwörenden Kraft die Affenseele aufgewühlt, doch dieser Versuchung, die in das Dunkel der schützenden Tierheit eindringen wollte, hatte sich das uralte Gedächtnis, das

mit einem instinktiven Grauen ebenfalls Generation um Generation die Gattung beherrschte, wie
eine Mauer entgegengestellt.

Ohne daß Yzur das Bewußtsein verlor, begann sein
Todeskampf. Es war eine sanfte Agonie mit geschlossenen Augen, schwachem Atem, undeutli-
chem Puls, völliger Ruhe, die er nur unterbrach, um
von Zeit zu Zeit zu mir herüberzuschauen, mit
einem verzweifelten Ausdruck von Ewigkeit und
dem Gesicht eines traurigen alten Mulatten. Und
am letzten Abend, am Abend seines Todes, geschah
das Unglaubliche, das mich zu dieser Erzählung
veranlaßt hat.

Von der Hitze und der Ruhe der einsetzenden
Dämmerung war ich an seinem Kopfende einge-
schlafen, als ich plötzlich merkte, daß jemand mein
Handgelenk faßte.

Ich fuhr erschrocken auf. Der Affe lag mit weit
geöffneten Augen da. Diesmal würde er ganz gewiß
sterben. Sein Ausdruck war so menschlich, daß er
mir Entsetzen einflößte, aber seine Hand, seine
Augen zogen mich mit solcher Ausdruckskraft zu
sich, daß ich mich sogleich seinem Gesicht näherte.
Mit seinem letzten Seufzer, der letzte Seufzer, der
meine Hoffnung zugleich krönen wie schwinden
lassen sollte, quollen dann — ich bin mir dessen
völlig gewiß —, quollen in einem Gemurmel (wie soll
man den Ton einer Stimme anders beschreiben, die
zehntausend Jahrhunderte stumm geblieben war?)
jene Worte hervor, deren Menschlichkeit die Gat-
tungen wieder miteinander versöhnte:
«HERR, WASSER, HERR, MEIN HERR...»

26

Der Feuerregen

Beschwörung eines Verstorbenen aus Gomorra

> «... und mache den Himmel über
> euch wie Eisen und euren Boden
> wie Erz.» Leviticus XXVI, 19

Es war, wie ich mich erinnere, an einem herrlichen Sonnentag. In den Straßen wimmelte es von Leuten, und die Wagen machten einen ohrenbetäubenden Lärm. Es war ein heißer, sonnenheller Tag.
Von meiner Dachterrasse aus überschaute man ein Gewirr von Dächern, verstreuten Gärten, ein Stück der mit Schiffsmasten gespickten Bucht, die graue, schnurgerade Linie einer Allee...
Gegen elf Uhr fielen die ersten Funken. Hier und dort einer. Es waren Kupferkörnchen, die den sprühenden Teilchen einer Lunte glichen, glühende Kupferkörnchen, die wie Sand auf die Erde rieselten. Der Himmel war immer noch strahlend blau, der Lärm der Stadt nicht schwächer geworden. Nur die Vögel in ihrem Käfig hatten zu zwitschern aufgehört.
Ich selbst hatte es durch Zufall wahrgenommen, als ich in Gedanken versunken zum Horizont blickte.

Zuerst glaubte ich an eine optische Täuschung, hervorgerufen durch meine Kurzsichtigkeit. Ich mußte eine ganze Weile warten, bis ich erneut einen Funken herabfallen sah, da sie im grellen Licht nur schwer zu erkennen waren. Aber das Kupfer glühte so stark, daß es sich trotzdem deutlich abhob. Ein blitzschneller Feuerfaden, dann der leichte Aufschlag auf dem Boden. Sie fielen in großen Abständen.

Ich muß gestehen, es erfaßte mich eine unbestimmte Furcht, als ich es bemerkte. Mit ängstlichem Blick betrachtete ich den Himmel. Er war strahlend blau. Woher kam also dieser sonderbare Hagel? Dieses Kupfer? War es überhaupt Kupfer? . . .

Gerade war ein Funke auf meine Terrasse gefallen, wenige Schritte von mir entfernt. Ich berührte ihn mit der Hand: kein Zweifel, es war ein Kupferkörnchen, das nur langsam erkaltete. Glücklicherweise kam Wind auf und trieb diesen ungewöhnlichen Regen in die entgegengesetzte Richtung. Außerdem fielen die Funken nur sehr spärlich. Bisweilen konnte man glauben, das Ganze habe aufgehört. Es hörte nicht auf. Zwar fielen die furchtbaren Körner nur ab und zu, gewiß, aber sie fielen regelmäßig.

Jedenfalls sollte mich das nicht vom Essen abhalten, schließlich war es ja Mittag. Ich ging hinunter ins Eßzimmer, wobei ich nicht ohne eine gewisse Angst vor den Funken den Garten durchquerte. In Wirklichkeit ging ich unter dem Sonnendach hindurch und war daher geschützt . . .

War ich wirklich geschützt? Ich schaute nach oben.

Aber ein Sonnendach ist so durchlässig, daß ich nichts erkennen konnte.

Im Eßzimmer erwartete mich ein wunderbares Mahl. Mein Junggesellenleben war vornehmlich mit zwei Beschäftigungen ausgefüllt: lesen und essen. Neben der Bibliothek war das Eßzimmer mein ganzer Stolz. Der Frauen überdrüssig und ein wenig von der Gicht geplagt, blieb mir als angenehmes Laster nur noch die Schlemmerei. Ich pflegte allein zu speisen, während mir ein Sklave Beschreibungen ferner Länder vorlas. Ich hatte nie so recht verstanden, wie man in Gesellschaft speisen konnte. Und wenn ich, wie bereits erwähnt, die Frauen leid war, so wird man verstehen, daß ich die Männer geradezu verabscheute.

Zehn Jahre waren seit meiner letzten Orgie vergangen! Seitdem widmete ich mich meinen Gärten, meinen Fischen, meinen Vögeln und hatte keine Zeit mehr auszugehen. Nur hin und wieder machte ich an sehr warmen Abenden einen Spaziergang am Ufer des Sees. Ich genoß seinen Anblick, wenn er bei Einbruch der Nacht von Mondlichtschuppen bedeckt war. Aber das war auch wirklich alles, und manchmal vergingen Monate, bis ich mich wieder dorthin begab.

Die große Stadt mit ihrem ausschweifenden Leben war für mich eine Wüste, in der ich mit meinen Freuden eine Zuflucht gefunden hatte: wenige Freunde, kurze Besuche, viele Stunden zu Tisch, Lektüre, meine Fische, meine Vögel, dann und wann abends ein Flötenkonzert und zwei oder drei Gichtanfälle im Jahr...

Mir wurde die Ehre zuteil, bei Banketten zu Rate gezogen zu werden, und es gab zwei oder drei Soßen, die ich erfunden hatte und denen das Lob nicht versagt blieb. Damit erwarb ich den Anspruch – ich sage das ohne Stolz – auf eine Büste, die öffentlich aufgestellt wurde, eine Büste, die gewiß ebenso berechtigt war wie im Fall einer Mitbürgerin, die kürzlich einen neuen Kuß erfunden hatte.

Die ganze Zeit hatte mir mein Sklave vorgelesen. Er las Geschichten über Meer und Schnee, die sich zu der schon fortgeschrittenen Mittagsstunde harmonisch in die angenehme Kühle der Amphoren einfügten. Vielleicht hatte der Feuerregen aufgehört, denn die Dienerschaft schien nichts zu bemerken.

Plötzlich schrie ein Sklave, der mit einem weiteren Gericht durch den Garten kam, laut auf. Er gelangte noch bis zum Tisch, aber sein bleiches Gesicht verriet furchtbaren und fast unerträglichen Schmerz. Auf der bloßen Schulter hatte er ein kleines Loch, in dem man noch den gefräßigen Funken knistern hörte. Wir löschten ihn mit Öl, und der Sklave, der unablässig jammerte, wurde zu Bett gebracht.

Ich hatte plötzlich keinen Appetit mehr. Obwohl ich weiter von den Speisen kostete, um die Dienerschaft nicht traurig zu stimmen, zeigte diese doch Verständnis. Der Zwischenfall hatte mich aus der Fassung gebracht.

Der halbe Nachmittag war vergangen, als ich erneut zur Terrasse hinaufstieg. Der Boden war ganz mit Kupferkörnchen übersät, doch anscheinend war der Regen nicht stärker geworden. Ich hatte mich schon fast beruhigt, als die Angst mich erneut überkam. Es herrschte vollkommene Stille. Das Treiben auf den Straßen hatte vermutlich wegen dieser Ereignisse aufgehört. In der Stadt war kein Laut zu hören. Nur von Zeit zu Zeit das Säuseln des Windes in den Zweigen. Auch das Verhalten der Vögel war beängstigend. Sie hatten sich in einer Ecke ganz dicht zusammengekauert. Sie taten mir leid, und ich beschloß, sie freizulassen. Sie wollten jedoch nicht herauskommen, im Gegenteil, sie rückten in ihrer Angst noch enger zusammen. Da durchzuckte mich der schreckliche Gedanke einer bevorstehenden Katastrophe.

Auch wenn ich keine besonders guten wissenschaftlichen Kenntnisse besaß, wußte ich, daß kein Gelehrter je solchen glühenden Kupferregen erwähnt hatte. Kupferregen? In der Luft gibt es keine Kupferminen. Und der strahlende Himmel gab ebenfalls keinen Aufschluß über seine Herkunft. Und gerade das war das Beunruhigende an der Sache. Die Funken kamen von überall und von nirgends. Es war die Unendlichkeit, die sich auf rätselhafte Weise in Feuerteilchen auflöste. Das schreckliche Kupfer fiel vom Firmament, doch das Firmament war blau und gleichgültig. Es überkam mich mehr und mehr eine seltsame Beklemmung. Und dennoch: bis zu diesem Zeitpunkt hatte ich noch nicht an Flucht gedacht. Dieser Gedanke war mit schmerzlichen Fragen verbunden. Flucht? Und was geschah mit meinem Tisch, meinen Büchern, meinen Fischen, für die ich kürzlich erst einen Teich angelegt hatte, mit meinen alten, wertvollen

Gärten, meinen fünfzig Jahren Lebensweishen im Glück des Augenblicks, ohne Gedanken an das Morgen?...

Flucht?... Ich dachte mit Entsetzen an meine Besitztümer (die ich nicht kannte) am anderen Ende der Wüste, an meine Kameltreiber, die in Zelten aus schwarzer Wolle wohnten und sich nur von geronnener Milch, geröstetem Weizen und wildem Honig ernährten...

Es blieb die Flucht über den See, eine nicht lange während Flucht, bedachte man, daß es auf dem See natürlich genauso Kupfer regnete wie in der Wüste. Wenn es für den Regen keinen sichtbaren Ausgangspunkt gab, mußte er überall sein.

Trotz meiner unbestimmten Furcht formulierte ich diese Gedanken klar und deutlich, erwog das Für und das Wider, war jedoch, offen gesagt, in meinen Überlegungen etwas träge, da mir der gewohnte Mittagsschlaf fehlte. Außerdem hatte ich das undeutliche Gefühl, daß es nicht schlimmer werden würde. Aber es konnte ja nichts schaden, wenn ich den Wagen anspannen ließ.

In diesem Augenblick erzitterte die Luft von dröhnenden Glocken. Sogleich machte ich noch eine andere Beobachtung: Der Kupferregen hatte aufgehört. Das Geläute war ein Zeichen der Dankbarkeit, und ihm folgte unmittelbar das gewohnte Gemurmel der Stadt. Doppelt geschwätzig erwachte sie aus ihrer kurzen Stummheit. In einigen Vierteln wurden sogar Feuerwerkskörper gezündet. Auf die Brüstung der Terrasse gestützt, schaute ich mit einem mir unbekannten Gefühl der Verbundenheit auf das abendliche Treiben. Überall Liebe und stattliches Gepränge. Der Himmel war immer noch leuchtend klar. Kleine Jungen waren eifrig damit beschäftigt, die Kupferkörner in Schüsseln einzusammeln, denn die Kupferschmiede hatten schon angefangen, das Metall aufzukaufen. Es war alles, was von der gewaltigen himmlischen Bedrohung übriggeblieben war.

Zahlreicher denn je belebten die Liebesdiener und -dienerinnen mit ihrem bunten Anblick die Straßen. Ich erinnere mich, daß ich sogar einem jener leichtlebigen Burschen zulächelte, der seine Tunika bis zur Taille aufgeschürzt hatte und seine haarlosen, mit Bändern geschmückten Beine zeigte. Die Freudenmädchen, die gemäß der neuen Mode ihre entblößte Brust in ein glänzendes Mieder eingeschnürt hatten, flanierten unbeschwert dahin und verströmten ihr aufdringliches Parfum. Ein alter Kuppler stand aufrecht auf seinem Wagen und drehte wie ein Segel eine dünne Zinnplatte hin und her, auf der mit entsprechenden Zeichnungen monströse Liebesvereinigungen von Tieren angekündigt wurden: Begattung zwischen Krokodilen und Schwänen, ein Affe mit einem Seehund, ein Mädchen unter dem berauschenden Schmuck eines Pfaus. Ein wunderbares Plakat, meiner Treu! Dazu wurde die Echtheit garantiert. Die Tiere waren durch Gott weiß welche barbarische Zauberei dressiert und mit Opium und Stinkasant aufgereizt worden.

Von drei maskierten Burschen gefolgt, kam ein freundlich grüßender Neger vorbei, der in den

Innenhöfen der Häuser mit farbigem Pulver gehei-
me Szenen darstellte. Dabei vollführte er rhythmische Tanzbewegungen. Auch verstand er es, mit
Hilfe von Auripigment Haare zu entfernen und
konnte Nägel vergolden. Ein aufgedunsener Mann,
dessen weichliches Aussehen leicht den Eunuchen
erkennen ließ, pries mit Bronzekastagnetten Bett-
decken an, die durch ein besonderes Gewebe
Schlaflosigkeit und sinnliches Verlangen erzeug-
ten. Die ehrbaren Bürger hatten die Abschaffung
solcher Decken gefordert. Ja, in meiner Stadt wußte
man zu leben und zu genießen.

Bei Einbruch der Nacht kamen zwei Besucher, die
ich zum Abendessen einlud, ein lustiger Jugend-
freund, Mathematiker, dessen Leben durch die
skandalöse Beschäftigung mit der Wissenschaft in
Unordnung geraten war, und ein reicher Bauer.
Nach diesem Funkenregen verspürten die Leute
das Bedürfnis, einander zu besuchen. Einander zu
besuchen und zu trinken, denn beide waren vollkommen betrunken, als sie weggingen. Ich machte
einen kurzen Rundgang. In der bizarr erleuchteten
Stadt hatte man die Gelegenheit wahrgenommen,
die Nacht über zu feiern. An mehreren Häusern
hatte man auf dem Gesims Räuchergefäße aufgestellt, die ihren Duft verbreiteten. Auf ihren Balko-
nen vergnügten sich die übertrieben herausgeputz-
ten jungen Bürgerfrauen damit, unaufmerksamen
Passanten bunte knallende Kügelchen ins Gesicht
zu blasen. An jeder Straßenecke wurde getanzt.
Von Balkon zu Balkon reichte man sich Blumen
und Naschwerk. Auf dem Rasen der Parks ver-

gnügten sich die Pärchen. Ich kam früh zurück und war müde. Nie zuvor war ich mit wohligerer Müdigkeit zu Bett gegangen.

Ich erwachte schweißgebadet, mit umflortem Blick und trockener Kehle. Draußen regnete es. Ich suchte etwas und stützte mich gegen die Wand. Ein Angstschauder durchlief meinen Körper. Die Wand war warm und erzitterte unter einem dumpfen Geräusch. Man brauchte das Fenster nicht zu öffnen, um zu erkennen, was vorging.

Der Kupferregen hatte wieder eingesetzt, diesmal aber heftiger und dichter. Über der Stadt lag stickiger Dunst, und ein phosphor- oder harnartiger Gestank erfüllte die Luft. Glücklicherweise war mein Haus von Bogengängen umgeben, so daß der Regen nicht an die Türen gelangte.

Ich öffnete die Tür zum Garten. Die Bäume waren schwarz und entlaubt, der Boden mit verkohlten Blättern übersät. Die von Feuerfäden durchzogene Luft wirkte lähmend wie der Tod, und dazwischen sah man den Himmel, der unverändert klar, unverändert blau war.

Ich rief, aber vergebens. Ich ging in die Zimmer der Sklaven. Sie waren fort. Die Beine in eine Byssusdecke gehüllt, Kopf und Rücken durch eine Metallwanne geschützt, deren Last mich fast erdrückte, gelangte ich zu den Pferdeställen. Auch die Pferde waren verschwunden. Und mit großer Gelassenheit, die meinen Nerven alle Ehre machte, wurde mir klar, daß ich verloren war.

Zum Glück war die Speisekammer voller Vorräte, und im Keller lag der ganze Wein. Ich ging hinunter. Er hatte seine Kühle bewahrt. In seiner Tiefe konnte man das Prasseln dieses schweren Regens, den Widerhall seines harten Aufpralls nicht hören. Ich trank eine Flasche und nahm dann aus einem geheimen Wandschrank das Fläschchen mit dem vergifteten Wein. Alle Besitzer von Weinkellern besaßen ein solches Fläschchen, auch wenn wir es nicht benutzten und es auch nicht für lästige Gäste brauchten. Es war eine klare, fade Flüssigkeit, die sofort tödlich wirkte.

Der Wein hatte meine Lebensgeister wieder geweckt, und ich bedachte meine Lage. Es gab nicht viel zu überlegen. Da ich nicht fliehen konnte, erwartete mich der sichere Tod. Doch mit diesem Gift lag der Tod in meiner Hand. Ich beschloß, möglichst viel von diesem zweifellos einzigartigen Schauspiel mitzuerleben. Glühender Kupferregen! Die Stadt in Flammen! Es lohnte sich.

Ich stieg hinauf zur Terrasse, konnte aber die Schwelle nicht überschreiten. Allerdings war auch von hier aus genug zu erkennen. Ich sah hinunter und lauschte. Die Stadt wirkte gänzlich verlassen. Das Prasseln wurde nur hin und wieder vom Heulen eines Hundes oder einer ungewöhnlichen Explosion unterbrochen. Alles war in rotes Licht eingetaucht, durch das nur Baumstämme, Kamine, Häuser in tieftrauriger Blässe hindurchschimmerten. Die wenigen Bäume, die noch belaubt waren, standen gekrümmt und schwarz da, zinnschwarz. Trotz des weiterhin klaren Himmels war das Licht ein wenig schwächer geworden. Aber der Horizont war nähergerückt und versank in Asche. Über dem

See lag dichter Dunst, der die außerordentlich trockene Luft etwas erträglicher machte.

Der Feuerregen war deutlich zu erkennen, es waren Kupferfäden, die wie zahllose Harfensaiten vibrierten und zwischen denen hier und da kleine Banner flatterten. Schwarze Rauchwolken kündeten von vereinzelten Bränden.

Meine Vögel drohten zu verdursten, und ich mußte ihnen vom Brunnen Wasser heraufholen. Es bestand eine Verbindung zwischen Keller und Wasserbehälter, einer riesigen Zisterne, die dem himmlischen Feuer lange standhalten konnte. Aber durch die Leitungen, die vom Dach und vom Innenhof herabführten, waren einige Kupferkörnchen ins Wasser gelangt, das einen soda- oder harnartigen und leicht salzigen Geschmack angenommen hatte. Um diese Verbindungen nach draußen zu unterbrechen, brauchte ich nur die Steinklappen zu schließen.

An diesem Abend und die ganze Nacht über bot die Stadt einen grauenvollen Anblick. Als das Feuer in die Wohnungen drang, liefen die Leute voller Entsetzen nach draußen, um auf den Straßen und den verlassenen Feldern zu verbrennen. Die Menschen starben einen qualvollen Tod, unter herzzerreißendem, mannigfachem, grauenvollem Wehgeschrei. Es gibt nichts Erhaberes als die menschliche Stimme. Allenthalben einstürzende Häuser, brennende Waren und Vorräte und schließlich die vielen schwelenden Körper mit ihrem infernalischen Gestank, die die Katastrophe vollkommen machten. Bei Sonnenuntergang war die Luft fast schwarz vor Rauch und Staubwolken. Die Banner, die am Morgen im Kupferregen getanzt hatten, waren jetzt unheilvolle Flammen. Wind kam auf, heiß und zäh wie Teer. Es war wie in einem riesigen, dunklen Ofen. Himmel, Erde, Luft, alles war zu Ende. Es gab nur noch Feuer und Finsternis. Ach, diese schreckliche Finsternis, die das ganze Feuer, das gewaltige Feuer der brennenden Stadt nicht bezwingen konnte! Dieser Gestank nach Lumpen, Schwefel und Leichen, in einer Luft, die so trocken war, daß man Blut spuckte! Und dieses Wehgeschrei, das seltsamerweise nie aufhörte, dieses Wehgeschrei, das das Prasseln der Feuersbrunst, die gewaltiger als ein Orkan war, noch übertönte, dieses Wehgeschrei, in dem alle Tiere in einem unaussprechlichen Grauen der Ewigkeit winselten und brüllten!...

Ich stieg zur Zisterne hinab. Zwar bewahrte ich meine Geistesgegenwart, aber durch dieses schreckliche Geschehen waren meine Nerven zum Zerreißen gespannt. Und als ich mich plötzlich im vertrauten Dunkel, im Schutz der Kühle befand, packte mich angesichts der Stille des unterirdischen Wassers eine Angst, wie ich sie – ich bin mir dessen gewiß – seit vierzig Jahren nicht mehr verspürt hatte, die kindliche Angst vor einem unsichtbaren Feind, und ich fing zu weinen an, ich weinte wie ein Wahnsinniger, ich weinte vor Angst, dort in einer Ecke, ohne mich zu schämen.

Erst sehr viel später, als ich ein Dach einstürzen hörte, kam mir der Gedanke, die Kellertür abzustützen. Ich nahm hierfür die Leiter und ein paar

Bretter der Wandregale. Dieser Schutz beruhigte mich ein wenig, nicht etwa weil ich hierdurch gerettet würde, sondern weil die bloße Tätigkeit mir guttat. Immer wieder fiel ich in unruhigen Schlaf, aus dem ich mit grauenvollen Alpträumen erwachte. So vergingen die Stunden. Ständig hörte ich, wie in der Nähe irgend etwas einstürzte. Ich hatte die zwei Lampen, die ich mitgebracht hatte, angezündet, um mir in der dunklen und unheimlichen Zisterne Mut zu machen. Ich hatte sogar, wenn auch ohne Appetit, ein paar Kuchenreste gegessen. Doch trank ich viel Wasser.

Plötzlich wurde das Licht meiner Lampen kleiner, und ich wurde von Angst, einer panischen, lähmenden Angst gepackt. Ich hatte unbedacht gehandelt, als ich mein ganzes Licht verbrauchte, denn es waren meine einzigen Lampen. Und am Abend, als ich heruntergekommen war, hatte ich nicht daran gedacht, sie alle mitzunehmen.

Das Licht wurde schwächer und erlosch. Da stellte ich fest, daß sich die Zisterne langsam mit Brandgeruch füllte. Es blieb mir keine andere Wahl, als sie zu verlassen; schließlich war alles besser, als wie ein Maulwurf in seinem Loch zu ersticken. Nur mit Mühe gelang es mir, den Kellerdeckel, auf dem die Trümmer des Speisezimmers lagen, hochzuheben . . .

. . . Zum zweiten Mal hatte der höllische Regen aufgehört. Aber die Stadt gab es nicht mehr. Dächer, Tore, zahlreiche Mauern und alle Türen lagen in Trümmern. Es herrschte eine mächtige Stille, eine wahre Katastrophenstille. Fünf oder sechs

Rauchsäulen standen noch in der Luft, und unter dem Himmel, der sich in keinem Augenblick getrübt hatte, einem Himmel, dessen unbarmherziges Blau von ewiger Gleichgültigkeit zeugte, strömte die arme Stadt, meine arme tote, für immer tote Stadt, einen abscheulichen Leichengestank aus.

Die Einzigartigkeit der Situation und der überwältigende Eindruck des Geschehens, gewiß aber auch die unermeßliche Freude darüber, daß ich als einziger von allen gerettet war, dämpfte meinen Schmerz, und an seine Stelle trat beklemmende Neugier. Der Torbogen der Vorhalle stand noch, und es gelang mir, über die Verzahnungen hinaufzuklettern.

Es war nichts Brennbares mehr übriggeblieben, und man glaubte sich auf einem Lavafeld. An einigen Stellen, die nicht von der Asche bedeckt waren, glänzte die rote Glut des herabgeregneten Metalls. Zur Wüste hin erstreckte sich, so weit das Auge reichte, eine glänzende Kupferebene. In den Bergen, auf der anderen Seite des Sees, zog sich das verdampfte Wasser zu einem Unwetter zusammen. Während der Katastrophe hatten diese Dampfwolken dazu beigetragen, daß man die Luft überhaupt noch atmen konnte. Die Sonne überstrahlte alles. Als die Einsamkeit und die tiefe Trostlosigkeit auf mir zu lasten begannen, entdeckte ich, vom Hafen kommend, eine Gestalt, die durch die Ruinen irrte. Es war ein Mensch, der mich anscheinend ebenfalls bemerkt hatte und auf mich zukam.

Als er bei mir anlangte, zeigten wir uns in keiner Weise überrascht. Er kletterte auf den Bogen und setzte sich zu mir. Es war ein Steuermann, der sich wie ich in einen Keller gerettet hatte, dessen Eigentümer er erstochen hatte. Das Wasser war ihm ausgegangen, und deshalb war er herausgekommen.

Nach diesen Mitteilungen stellte ich ihm weitere Fragen. Alle Schiffe, Molen und Lager waren verbrannt, und der See war bitter geworden. Obwohl ich merkte, daß wir flüsterten, wagte ich nicht – ich weiß nicht warum – lauter zu sprechen.

Ich bot ihm an, über meinen Vorratskeller zu verfügen, in dem noch zwei Dutzend Schinken, mehrere Käse und der ganze Wein lagen . . .

Plötzlich sahen wir eine Staubwolke in der Wüste, die Staubwolke schnellfahrender Wagen. Vielleicht hatten uns die Landsleute aus Adama oder Schoim Hilfe geschickt.

Diese Hoffnung mußten wir bald aufgeben. Es bot sich uns ein ebenso schreckliches wie gefährliches Schauspiel.

Es war ein Rudel Löwen, die in der Wüste überlebt hatten und sich nun, vor Durst rasend und von der Katastrophe wahnsinnig geworden, in die Stadt wie in eine rettende Oase flüchteten.

Durst, nicht Hunger hatte sie rasend gemacht, denn sie liefen an uns vorüber, ohne uns zu beachten. Und in welchem Zustand sie waren! Nichts offenbarte das schreckliche Geschehen in so grauenvoller Weise.

Kahl wie räudige Katzen, die Mähne verkohlt und zusammengeschrumpft, die Flanken hager, durch ihren großen, wilden Kopf entstellt wirkend wie halb kostümierte Spaßmacher, der Schwanz starr und spitz wie derjenige verängstigter Ratten, die Klauen schwärig und blutend – all dies zeigte nur allzu deutlich das Grauen dieser drei Tage, die das himmlische Strafgericht gedauert hatte und die sie im unzureichenden Schutz einer Höhle überstanden hatten.

In den Augen menschlich wirkender Wahnsinn, liefen sie um die leeren Brunnen herum, rannten dann auf und davon, fanden eine andere, ebenfalls ausgetrocknete Zisterne, bis sie sich schließlich um die letzte versammelten; und das ausgedörrte Maul nach oben gerichtet, mit dem wirren Blick der Verzweiflung und der Ewigkeit, stießen sie ein Gebrüll aus, mit dem sie, dessen bin ich gewiß, den Himmel anklagten.

Wahrhaftig, nichts, weder die Katastrophe mit all ihren Schrecken noch das Wehgeschrei der sterbenden Stadt war so grauenerregend wie dieses Geheul der wilden Tiere über den Ruinen. Das Brüllen war so klar und deutlich, wie Worte nur sein können. Sie klagten irgendeiner dunklen Gottheit ihren Schmerz des Unbewußten und der Wüste. In ihrer einfachen, dichten Tierseele verband sich die Todesangst mit dem Grauen vor dem Unverständlichen. Wenn alles so war wie immer, die tägliche Sonne, der ewige Himmel, die vertraute Wüste, warum verbrannten sie dann, warum gab es dann kein Wasser?... Und da sie keinen Sinn in den Ereignissen erkennen konnten, war ihre Angst blind, also noch schrecklicher. Im Delirium ihres Schmerzes befiel sie eine dunkle Ahnung von der

Herkunft ihrer Leiden; es war jener Himmel, von dem der höllische Regen gefallen war. Außer ihrem Gebrüll hatten diese armseligen Tiere nichts Großartiges mehr bewahrt. Es enthüllte das schreckliche Geheimnis der Katastrophe, es erklärte in seinem unermeßlichen Schmerz die ewige Einsamkeit, die ewige Stille, den ewigen Durst ...

Es sollte nicht lange währen. Erneut setzte der glühende Metallregen ein, dichter und schwerer denn je.

Wir gelangten zum Keller, nicht ohne vorher von einigen Funken getroffen zu werden. Ich begriff, daß dieser neue Hagel die Ruine endgültig zerstören würde, und bereitete mich auf das Ende vor. Während sich der Gefährte, gewiß das erste und das letzte Mal, auf meinen Wein stürzte, beschloß ich, im Wasser der Zisterne mein letztes Bad zu nehmen. Und nachdem ich vergeblich ein Stück Seife gesucht hatte, stieg ich über die Leiter, die man zur Reinigung benutzte, in sie hinein.

Ich trug das Giftfläschchen bei mir. Es gab mir ein Gefühl des Wohlbehagens, das nur leicht von der Neugierde des Todes getrübt wurde.

Im kühlen Wasser und der Dunkelheit war ich zu den Genüssen meines Lebens zurückgekehrt, eines Lebens in Reichtum, das zu Ende ging. Bis zum Hals ins Wasser eingetaucht, hatte ich durch die Freude an der Reinlichkeit und das wohlige Gefühl häuslicher Geborgenheit meine Ruhe wiedergefunden.

Draußen hörte ich den Feuersturm. Wieder stürzten Mauern ein. Aus dem Weinkeller kam kein einziger Laut. Da gewahrte ich den Widerschein von Flammen, die durch die Kellertür drangen, ich roch den Harngestank ... Ich setzte das Fläschchen an die Lippen, und ...

Die Salzsäule

Dies ist die wahre Geschichte des Mönchs Sosistratus, wie sie der Pilger erzählte:

Wer das Kloster San Sabas nicht besucht hat, weiß
nicht, was trostlose Einsamkeit ist. Man stelle sich
ein uraltes Haus hoch über dem Jordan vor, dessen
von gelblichem Sand gesättigte Fluten langsam,
fast erschöpft, zum Toten Meer hin fließen, mitten
durch Wälder von Terebinthen und Sodomaäpfeln.
In der ganzen Gegend gibt es nur eine einzige
Palme, und ihre Krone überragt die Mauern des
Klosters. Eine endlose Einsamkeit, die nur von Zeit
zu Zeit durch vorüberziehende Nomaden unterbrochen wird; eine gewaltige Stille, die von den Bergen,
deren Höhe den Horizont vermauert, herabzuglei-
ten scheint. Wenn der Wind aus der Wüste weht,
regnet es feinen Staub, kommt er vom See, werden
alle Pflanzen mit Salz überzogen. Auf- und Unter-
gang der Sonne zerfließen in derselben Wehmut.

Nur wer schwere Verbrechen zu sühnen hat, kennt solch eine Einsamkeit. Im Kloster kann man der Messe beiwohnen und die Kommunion empfangen. Die Mönche, es sind nur noch fünf hochbetagte Greise, bieten dem Pilger einen einfachen Imbiß aus gebackenen Datteln, Trauben, Wasser aus dem Fluß und manchmal auch Palmwein an. Sie verlassen das Kloster nie, obwohl sie von den dort lebenden Stämmen geachtet und als gute Ärzte geschätzt werden. Wenn einer stirbt, wird er in der Höhle am Flußufer zwischen den Felsen begraben. In diesen Höhlen nisten jetzt Pärchen blauer Tauben, Vertraute des Klosters. Schon vor vielen Jahren hatten dort die ersten Anachoreten gewohnt. Einer von ihnen war der Mönch Sosistratus, dessen Geschichte ich zu erzählen versprochen habe. Unsere Heilige Frau vom Karmel möge mir beistehen, und euch bitte ich, mir aufmerksam zuzuhören. Was ihr vernehmen werdet, hat mir Wort für Wort Bruder Porphyrius berichtet, der jetzt in den Höhlen von San Sabas begraben liegt, wo sein heiliges Leben nach achtzig Jahren der Buße und der Entsagung erlosch. Gott möge ihm die ewige Ruhe geben. Amen.

Sosistratus war ein armenischer Mönch. Er hatte beschlossen, zusammen mit einigen jungen Männern, die im weltlichen Leben seine Freunde gewesen waren und kurz zuvor die Religion des Gekreuzigten angenommen hatten, sein Leben in der Einsamkeit zu verbringen. Er gehörte also zur starken Art der Styliten. Nach langen Wanderungen durch die Wüste fanden sie eines Tages die Höhlen, von denen ich gerade gesprochen habe, und richteten sich dort ein. Das Wasser des Jordans, die Früchte eines gemeinsam bestellten Gartens genügten ihren Bedürfnissen. Aus diesen Grotten stiegen Säulen von Gebeten empor, die mit ihrer Kraft das Himmelsgewölbe stützten, das unter der Last der Sünden der Welt einzustürzen drohte. Durch das Opfer jener Verbannten, die mit der täglichen Kasteiung des Fleisches und ihrem Fasten den gerechten Zorn des Himmels beschwichtigten, blieb die Erde von vielen Seuchen, Kriegen und Erdbeben verschont. Die Gottlosen, die sich leichtfertig über die Buße der Mönche lustig machen, wissen das nicht. Und doch sind die Opfer und Gebete der Gerechten die Tragpfeiler des Firmaments.

Nach dreißig Jahren der Buße und der Stille hatten Sosistratus und seine Begleiter die Heiligkeit erlangt. Der Teufel war besiegt und winselte ohnmächtig unter dem Fuß der heiligen Mönche. Einer nach dem anderen starb dahin, bis schließlich Sosistratus allein zurückblieb. Er war sehr alt und sehr klein und fast durchsichtig geworden. Fünfzehn Stunden am Tag lag er auf den Knien und betete, und Gott offenbarte sich ihm. Zwei Tauben brachten ihm jeden Abend einige Granatapfelkerne, die sie ihm mit dem Schnabel zu essen gaben. Dies war seine einzige Nahrung – dafür roch er so angenehm wie ein duftender Jasminstrauch am Abend. Jedes Jahr fand er am Karfreitag beim Erwachen am Kopfende seines Lagers aus Zweigen einen Becher Wein und Brot, und so empfing er in unaussprechlicher Verzückung das Abendmahl. Nie wäre ihm der Gedanke gekommen, sich zu fragen, wer ihm diese Gaben bescherte, da er schon wußte, daß der Herr Jesus solches zu tun vermochte. Und während er in Demut auf den Tag seines Eingangs in die ewige Glückseligkeit wartete, trug er geduldig die Last der Jahre. Seit über fünfzig Jahren war kein Wanderer dort vorübergekommen. Doch eines Morgens, als der Mönch mit seinen Tauben betete, flogen diese plötzlich aufgeschreckt davon und ließen ihn allein. Ein Wanderer stand am Eingang der Höhle. Sosistratus begrüßte ihn mit frommen Worten, bot ihm einen Krug mit frischem Wasser an und lud ihn ein zu rasten. Der Unbekannte trank mit hastigen Zügen, als wäre er völlig erschöpft, und nachdem er eine Handvoll getrocknetes Obst aus seinem Beutel verzehrt hatte, betete er gemeinsam mit dem Mönch.

Sieben Tage waren vergangen. Der Wanderer erzählte von seinem Weg von Cäsarea bis zum Ufer des Toten Meers und schloß seinen Bericht mit einer Geschichte, die Sosistratus sehr zu Herzen ging.

«Ich habe die Leichen der verdammten Städte gesehen», sagte er eines Abends zu seinem Gastgeber. «Ich habe beobachtet, wie das Meer einem Kessel gleich dampfte, und voller Grauen betrachtete ich die Salzsäule, in die Lots Weib zur Strafe verwandelt wurde. Diese Frau lebt, Bruder, ich habe gehört, wie sie klagte, und gesehen, wie ihr in der Mittagssonne der Schweiß auf die Stirn trat.»

«Etwas Ähnliches erzählt Juvencus in seinem Traktat *De Sodoma*», sagte Sosistratus leise.

«Ja, ich kenne die Stelle», erwiderte der Wanderer.

«Dort wird noch auf Bedeutsameres hingewiesen: Lots Weib soll körperlich Frau geblieben sein. Ich habe mir gedacht, es sei wohl ein Akt der Menschenliebe, sie aus ihrer Verdammung zu erlösen ...»

«Es ist Gottes gerechte Strafe», entgegnete der Einsiedler.

«Kam nicht auch Christus zu uns, um durch sein Opfer die alte Welt von ihren Sünden zu erlösen?» gab der Wanderer, der sich in den heiligen Schriften gut auszukennen schien, mit sanfter Stimme zu bedenken. «Wird die Seele mit der Taufe nicht ebenso von der Sünde gegen das göttliche Gesetz wie von der Sünde gegen das Evangelium reingewaschen ...?»

Nach diesem Gespräch gingen sie zur Ruhe. Es war die letzte Nacht, die sie gemeinsam verbrachten. Am nächsten Tag zog der Unbekannte mit dem Segen Sosistratus' weiter. Ich brauche wohl nicht zu sagen, daß der angebliche Wanderer der Teufel selbst war.

Der Satan hatte einen heimtückischen Plan ersonnen. Von jener Nacht an quälte den Heiligen nur ein Gedanke. Die Salzsäule taufen und jene verdammte Seele von ihrer Qual befreien! Es war ein Gebot der Nächstenliebe, so urteilte der Verstand. Dieser innere Kampf dauerte viele Monate, bis der Mönch eine Vision hatte. Ein Engel erschien ihm im Schlaf und befahl, die Tat zu vollbringen.

Sosistratus fastete und betete drei Tage lang, und am Morgen des vierten Tages ergriff er seinen Akazienstab und machte sich auf den Weg, der ihn am Ufer des Jordans entlang zum Toten Meer führte. Es war nicht sehr weit, aber seine müden Beine konnten ihn kaum tragen. So wanderte er zwei Tage lang. Die treuen Tauben brachten ihm wie gewohnt seine Nahrung, und er betete viel, denn sein Entschluß hatte eine tiefe Besorgnis in ihm geweckt. Als seine Beine ihn fast nicht mehr trugen, öffneten sich schließlich die Berge, und der See lag vor ihm.

Die Ruinen der zerstörten Städte waren mit der Zeit gänzlich zerfallen und kaum noch zu erkennen. Ein paar verbrannte Steine waren die einzigen Überreste: Bruchstücke von Torbögen, vom Salz zerfressene und in Teer eingebettete Reihen von Lehmziegeln ... Der Mönch schenkte diesen Resten keine Beachtung, er vermied sie, um seine Füße nicht zu beschmutzen. Plötzlich fing er am ganzen Körper zu zittern an. In südlicher Richtung, weit draußen vor der Stadt, nach einer Wegkrümmung, von der die Ruinen kaum noch zu erkennen waren, hatte er die Umrisse der Salzsäule entdeckt.

Unter ihrem steinernen und verwitterten Mantel war sie hager wie ein Gespenst. In der unbarmherzigen Glut der Sonne brannten die Felsen, glitzerte die Salzschicht auf dem Laub der Terebinthen. Im gleißenden Mittagslicht sahen die Sträucher aus, als wären sie aus Silber. Wenn der Wind wehte, so erzählten die Pilger, konnte man in ihnen die Klagen der Geister jener Städte vernehmen.

Sosistratus näherte sich der Salzsäule. Der Wanderer hatte die Wahrheit gesagt. Eine zarte Nässe bedeckte ihr Gesicht. Die weißen Augen, die weißen Lippen waren reglos, im jahrhundertelangen Schlaf erstarrt. Kein Anzeichen von Leben war an dieser steinernen Statue zu entdecken. Seit Jahrtausenden brannte die Sonne unerbittlich auf sie herab, und doch war, da der Schweiß auf ihrer Stirn stand, Leben in ihr. Ein solcher Schlaf barg das ganze Geheimnis der biblischen Schrecken. Jahves Zorn war über dieses Wesen, diese grauenvolle Mischung aus Fleisch und Fels gekommen. War es nicht Vermessenheit, diesen Schlaf stören zu wollen? Würde nicht der Wahnwitzige, der dieses verfluchte Weib erlösen wollte, ihre Sünde auf sich laden? Das Geheimnis zu enthüllen ist verbrecherischer Wahnsinn, vielleicht gar eine Versuchung der Hölle. Voller Verzweiflung kniete Sosistratus nieder, um im Schatten eines kleinen Waldes zu beten . . .

Den genauen Ablauf der Ereignisse werde ich euch nicht schildern. Ihr sollt nur wissen, daß sich das Salz der Säule, als es mit dem geweihten Wasser in Berührung kam, langsam auflöste und vor den Augen des Einsiedlers eine Frau erschien, so alt wie die Ewigkeit, eingehüllt in gräßliche Lumpen, aschfahl, dürr und zittrig, beladen mit der Last von Jahrtausenden. Der Mönch, der dem Satan ohne Furcht entgegengetreten war, wurde bei dieser Erscheinung von Grauen erfaßt. Mit ihr war das verdammte Volk auferstanden. Diese Augen hatten gesehen, wie der göttliche Zorn Feuer und Schwefel auf die verruchten Städte regnen ließ; diese Lumpen waren aus dem Haar der Kamele Lots gewebt worden; diese Füße hatten in der Asche des vom Ewigen Vater gesandten Feuers ihre Spuren hinterlassen! Und die gespenstische Frau sprach zu ihm mit ihrer alten Stimme.

Sie konnte sich an nichts mehr erinnern. Nur ein vages Bild von der Feuersbrunst, ein dunkles Gefühl, das in ihr der Anblick dieses Meeres weckte. Ihre Seele war in Verwirrung getaucht. Sie hatte lange geschlafen, einen Schlaf, der so schwarz wie ein Grab war. In diesem Alptraum gefangen, litt sie, ohne zu wissen warum. Dieser Mönch hatte sie gerade gerettet. Sie fühlte es. Das war der einzig klare Gedanke. Und das Meer... die Feuersbrunst... die Vernichtung... die brennenden Städte... alles verlor sich in der klaren Vision des Todes. Sie würde sterben. Also war sie erlöst. Und dieser Mönch hatte sie gerettet.

Sosistratus zitterte. Eine rote Flamme loderte in seinen Augäpfeln. Als hätte ein Feuersturm seine Seele gereinigt, hatte sich die Vergangenheit in ihm in Nichts aufgelöst. Nur eine Gewißheit beherrschte sein Bewußtsein: *Lots Weib stand vor ihm!* Die Sonne senkte sich auf die Berge herab. Purpurnes Feuer färbte den Horizont. Die Tage der Tragödie lebten in diesem Flammenwerk wieder auf. Es war, als wäre das Gericht Gottes erschienen und spiegelte sich zum zweiten Mal in den Wassern des bitteren Sees. Sosistratus war in die Jahrhunderte zurückgegangen. Er erinnerte sich. Er hatte die Katastrophe erlebt. Und diese Frau kannte er!

Ein schreckliches Verlangen loderte in seinem Innern auf. Seine Zunge sprach, richtete sich an die geisterhaft Auferstandene: «Weib, beantworte mir nur eine Frage.»

«Sprich..., frage...»

«Wirst du antworten?»

«Ja, sprich nur. Du hast mich gerettet!»

Die Augen des Anachoreten glühten, als hätten sie den ganzen Feuerschein, in den die Berge eingetaucht waren, eingefangen. «Weib, sag mir, was du gesehen hast, als du zurückschautest.»

Eine vor Angst halberstickte Stimme antwortete: «Nein... Um Elohims willen, frage mich nicht!»

«Sag mir, was du gesehen hast!»

«Nein... Nein... Es wäre das Verderben!»

«Ich will das Verderben.»

«Es ist der Tod...»

«Sag mir, was du gesehen hast!»

«Ich kann es nicht..., ich will es nicht!»

«Ich habe dich gerettet.»

«Nein..., nein...»

Die Sonne war untergegangen.

«Sprich!»

Die Frau trat näher. Ihre staubbedeckte Stimme erlosch und ging im Todeskampf unter.

«Bei der Asche deiner Väter!...»

«Sprich!»

Da näherte sich jene gespenstische Erscheinung und flüsterte dem Mönch ein einziges Wort ins Ohr. Und ohne einen Schrei stürzte Sosistratus wie vom Blitz getroffen tot zu Boden. Gott sei seiner armen Seele gnädig.

Abdera, die thrakische Stadt in der Ägäis, heute Balastra genannt, nicht zu verwechseln mit dem gleichnamigen Ort in Andalusien, war durch seine Pferde berühmt.

Sich in Thrakien durch seine Pferde auszuzeichnen bedeutete nicht wenig, und diese Stadt war in dieser Hinsicht einzigartig. Alle Bewohner setzten ihre Ehre darein, ein solch edles Tier abzurichten, so daß diese Dressur, der man sich lange Jahre hindurch mit Begeisterung gewidmet hatte, zum festen Bestandteil der Tradition geworden war und vortreffliche Ergebnisse gezeitigt hatte. Abderapferde genossen einen außergewöhnlichen Ruf, und alle thrakischen Völker, angefangen von den Kikonen bis zu den Bewohnern Bisaltias, mußten den Bistonen, den Einwohnern der besagten Stadt, ihren Tribut zollen. Hinzu kommt, daß diese Beschäftigung, bei der man das Nützliche mit dem Angenehmen verband, vom König bis zum einfachen Bürger ausgeübt wurde.

Diese Umstände hatten dazu beigetragen, daß die Beziehungen zwischen Herr und Tier enger wurden, sehr viel enger, als es bei den anderen Völkern üblich ist. Pferdeställe galten als Teil des Hauses, und so, wie bei jeder Leidenschaft auch häufig übertrieben wird, kam es sogar vor, daß man Pferde am Tisch duldete.

Es waren wahrhaft prachtvolle Rösser, aber schließlich blieben es doch Tiere. Es gab welche, die auf Myssusdecken schliefen; manche Futterkrippen waren mit einfachen Fresken geschmückt, da nicht wenige Tierärzte der Pferdegattung künstlerischen Geschmack zuerkannten, und auf dem Pferdefriedhof gab es neben bürgerlichem, überladenem Prunk auch zwei oder drei wirkliche Kunstwerke. Der schönste Tempel der Stadt war Areion geweiht, dem Pferd, das Poseidon mit einem Schlag seines Dreizacks aus der Erde steigen ließ, und ich glaube sogar, daß die Mode, den Bug der Schiffe mit Pferdeköpfen zu schmücken, ebenfalls hier ihren Ursprung hat. Jedenfalls bin ich sicher, daß Flachreliefs mit Pferdedarstellungen das häufigste Ornament der Architektur jener Zeit waren. Der König ging in seiner Liebe zu den Pferden so weit, daß die seinen sogar Verbrechen begehen durften. Dadurch wurden sie wild und ungebärdig, und die Namen Podargos und Lampon sind auch in schaurigen Fabeln zu finden. Die Pferde hatten nämlich Namen wie Menschen.

Die Tiere waren so gut dressiert, daß Zügel überflüssig waren. Man hatte sie lediglich als Schmuck beibehalten, der natürlich auch von den Pferden geschätzt wurde. Worte waren das übliche Verständigungsmittel mit ihnen, und da man festgestellt hatte, daß die Freiheit ihren guten Eigenschaften förderlich war, erlaubte man ihnen, sich während der ganzen Zeit, in der sie nicht von Sattel oder Harnisch in Anspruch genommen wurden, nach Belieben frei zu bewegen. Auf den wunderbaren Auen vor der Stadt, am Ufer des Kossinites, durften sie sich austoben und ihre Nahrung suchen.

Mit Hörnerklang wurden sie, wenn nötig, herbeigerufen, doch sowohl bei der Arbeit wie bei der Fütterung waren sie pünktlich zur Stelle. Ihre Geschicklichkeit für jede Art von Zirkus-, ja sogar Salonkünsten, ihr Mut im Kampf, ihr taktvolles Benehmen bei feierlichen Zeremonien grenzten ans Unglaubliche. Sowohl das Hippodrom in Abdera wie auch die Kunstreiter, die bronzegeharnischte Kavallerie und die Begräbnisfeierlichkeiten waren so berühmt geworden, daß die Leute von überall herbeikamen, um dieses Schauspiel zu bewundern: Der Erfolg gebührte zu gleichen Teilen den Dompteuren und den Pferden.

Infolge jener unablässigen Dressur, jener intensiven Entfaltung ihrer Fähigkeiten und, um es mit einem Wort zu sagen, jener *Vermenschlichung* der Pferdegattung entstand ein Phänomen, das von den Bistonen wie ein nationaler Triumph gefeiert wurde: Die Pferde begannen, Intelligenz und Bewußtsein zu entfalten, und besonders ungewöhnliche Fälle waren in aller Munde.

Eine Stute hatte für ihre Futterkrippe Spiegel verlangt. Sie riß sie mit den Zähnen im Schlafzimmer ihres Herrn von der Wand, und dreiteilige Spiegel, die nicht nach ihrem Geschmack waren, zertrümmerte sie mit Fußtritten. Als man ihrer Laune nachgegeben hatte, ließ sie deutlich sichtbare Anzeichen von Eitelkeit erkennen.

Balios, zu seiner Zeit das schönste Fohlen der ganzen Gegend, ein eleganter, feinfühliger Schimmel, der zwei Feldzüge mitgemacht hatte und freudige Erregung zeigte, wenn epische Heldengedichte vorgetragen wurden, war kürzlich aus Liebeskummer gestorben. Die Angebetete war die Frau seines Herrn, eines Generals, gewesen. Dieser machte daraus nicht etwa ein Geheimnis, im Gegenteil, man durfte sogar glauben, daß es seiner Eitelkeit schmeichelte, was andererseits in der Pferdemetropole durchaus natürlich war.

Es kamen sogar Fälle von Kindestötung vor, und als sich diese in alarmierender Weise häuften, war man gezwungen, die Füllen alten Mauleselinnen zur Adoption zu geben. Ferner entdeckten die Tiere eine Vorliebe für Fisch und Hanf. Hanffelder wurden von ihnen völlig verwüstet. Schließlich gab es auch einzelne Fälle von Rebellion, und da der Widerstand nicht mehr mit der Peitsche gebrochen werden konnte, mußte man sich des glühenden Eisens bedienen. Solche Fälle traten immer häufiger auf, weil der Trieb der Auflehnung von Mal zu Mal zunahm.

Die Bistonen, die immer heftiger in ihre Pferde vernarrt waren, kümmerten sich nicht darum. Bald darauf ereigneten sich noch schlimmere Dinge. Zwei oder drei Gespanne hatten sich gegen einen Fuhrmann verschworen, weil dieser seine aufsässige Stute mit der Peitsche schlug. Die Pferde sträubten sich immer stärker dagegen, ins Joch gespannt zu werden, so daß man schließlich den Eseln den Vorzug gab. Manche Tiere weigerten sich, in einem bestimmten Geschirr zu gehen, weil sie aber reichen Herren gehörten, wurde ihre Auflehnung verständnisvoll als Laune abgetan.

Eines Tages reagierten die Pferde nicht mehr auf den Ruf des Horns und mußten mit Gewalt zusammengetrieben werden. Aber an den folgenden Tagen wiederholte sich die Rebellion nicht.

Schließlich kam es doch zum Aufstand. Als die Flut, wie es häufig geschah, den Strand mit toten Fischen bedeckt hatte, fraßen sich die Pferde satt, und man sah sie langsam, düster dreinschauend zu den Auen vor der Stadt zurücktrotten.

Es war Mitternacht, als der merkwürdige Aufstand ausbrach. Plötzlich erbebte die Stadt unter einem dumpfen, anhaltenden Donnern. Alle Pferde hatten sich auf einmal in Bewegung gesetzt, um die Stadt zu stürmen. Allerdings erkannte man dies erst später, da man im Dunkel der Nacht, vom unerwarteten Geschehen überrascht, anfangs die tatsächlichen Vorgänge nicht wahrnehmen konnte.

Da die Weiden innerhalb der Stadtmauern lagen, wurde der Angriff durch nichts aufgehalten. Außerdem besaßen die Pferde eine genaue Kenntnis der Häuser. Beide Umstände trugen zur Katastrophe bei.

Welch unheilvolle Nacht! Erst der Tag offenbarte all ihre Schrecken, verstärkte noch das Grauen.

Von Huftritten zerschlagene Türen lagen auf dem Boden und hatten wilden, endlos scheinenden Rudeln den Weg freigemacht. Es war Blut geflossen, denn nicht wenige Bewohner waren unter den Hufen zertrampelt und von den Zähnen der angreifenden Meute zerfetzt worden, in deren Reihen es jedoch auch durch die Waffen der Menschen viele Opfer gegeben hatte.

Der Staub, der von den dampfenden Herden aufgewirbelt wurde, hatte die Stadt in Dunkel gehüllt. Das sichtbare Grauen der Katastrophe wurde noch verstärkt durch ein seltsames Getöse, hervorgerufen von Wut- oder Schmerzensschreien, Pferdegewieher, das wie menschliche Stimmen klang und unter das sich hier und da schmerzvolles Eselsgeschrei mischte, und durch das Krachen der von den Hufen zertrümmerten Türen. Eine Art unaufhörliches Beben ließ die Erde unter dem Galopp der rebellierenden Tiere erzittern und steigerte sich von Zeit zu Zeit zu einem Orkan, wenn die tobende Meute sinn- und ziellos in die eine oder andere Richtung raste. Nachdem sie alle Hanffelder zerstört und, da jene verwöhnten Pferde auf Wein versessen waren, auch Weinkeller geplündert hatten, vollendeten Horden betrunkener Tiere das Werk der Zerstörung. Zum Meer konnte man nicht fliehen, weil die Pferde wußten, wozu die Schiffe dienten, und den Zugang zum Hafen versperrten. Nur die Festung blieb verschont, und dort begann man, den Widerstand zu organisieren. Als erste

Maßnahme wurde jedes Pferd, das dort vorüber-
rannte, mit Speeren beworfen. War es tot und lag in
der Nähe, so wurde es ins Innere gezerrt, und sein
Fleisch diente als Verpflegung.

Unter den geflüchteten Bewohnern liefen die selt-
samsten Gerüchte um. Es hieß, beim ersten Angriff
hätten die Tiere nur plündern wollen. Nach der
Zerstörung der Türen seien sie in die Zimmer
eingedrungen, hatten es jedoch nur auf die kostbaren Wandbehänge, mit denen sie sich zu bedecken
suchten, auf den Schmuck und glänzende Gegen-
stände abgesehen. Als man sich ihren Absichten
widersetzte, habe dies schließlich ihre Wut entfacht.
Andere berichteten von grauenvollen Vergewalti-
gungen, von Frauen, die in ihrem eigenen Bett
bestialisch angegriffen und erdrückt worden waren. Eine edle Dame erzählte schluchzend, was ihr
Schreckliches widerfahren war: wie sie im schwa-
chen Licht der Lampe erwachte, auf ihren Lippen
das widerwärtige Maul eines schwarzen Fohlens
spürte, das wollüstig die Lefzen vorstülpte und sein
ekelerregendes Gebiß zeigte; wie sie einen Schrek-
kensschrei ausstieß, als sie das zur Bestie geworde-
ne Tier erblickte, mit dem bösartigen, menschli-
chen Glanz in den von Lüsternheit brennenden
Augen; wie sie in einem Meer von Blut versank, als
ein Diener es mit seinem Schwert durchbohrte ...

Man wußte von mehreren Morden zu berichten, bei
denen sich die Stuten mit weiblicher Besessenheit
daran ergötzten, ihre Opfer mit den Zähnen in
Stücke zu reißen. Die Esel waren alle umgebracht
worden, während sich die Maultiere dem Aufstand

angeschlossen hatten. Doch stumpfsinnig, wie sie waren, zerstörten sie nur um der Zerstörung willen, und besonders erbittert gingen sie gegen die Hunde vor.

Die Stadt wurde immer noch vom rasenden, donnernden Galoppieren der Pferde erschüttert, und das Getöse einstürzender Häuser schwoll weiter an. Wenn man die Stadt nicht einer sinnlosen Zerstörung ausliefern wollte, mußte man unbedingt einen Ausfall wagen, wie gefährlich dieser auch in Anbetracht der Zahl und der Kraft der Gegner sein mochte. Die Männer bewaffneten sich. Doch nach einer ersten Phase der Willkür hatten sich auch die Pferde entschlossen anzugreifen.

Plötzliche Stille ging dem Angriff voraus. Von der Festung aus sah man, wie sich das schreckliche Heer im Hippodrom zusammenrottete, was nicht ganz ohne Schwierigkeiten vonstatten ging, weil plötzliches Aufbäumen und grelles Wiehern aus unbekanntem Grund wieder große Unordnung in die Reihen brachte.

Die Sonne stand schon tief, als der erste Ansturm erfolgte. Es war, wenn man so sagen kann, nichts weiter als eine Demonstration ihrer Stärke, denn die Tiere beschränkten sich darauf, an der Festungsmauer vorbeizugaloppieren. Dabei prasselten die Pfeile der Verteidiger auf sie nieder.

Vom entgegengesetzten Ende der Stadt stürmten sie erneut heran. Der Aufprall war furchtbar. Die ganze Festung dröhnte unter der Gewalt der Hufe, und die mächtigen dorischen Mauern wurden in der Tat schwer erschüttert.

Es gelang sie zurückzuwerfen, doch bald folgte ein erneuter Angriff.

Beschlagene Pferde und Maultiere hatten die Aufgabe, die Mauern zu zerstören. Sie wurden zu Dutzenden getötet, aber ihre Reihen wurden von den übrigen mit wilder Verbissenheit geschlossen, ohne daß ihre Zahl geringer zu werden schien. Das schlimmste war, daß es einigen gelungen war, ihre Kampfpanzer anzulegen, in deren Eisengeflecht sich die Speere verfingen. Andere trugen leuchtende Tuchfetzen, wieder andere Halsketten, und mitten in ihrer wilden Raserei trieben sie allerlei kindischen Unfug.

Von den Mauern aus konnte man sie erkennen. Dinos, Aethon, Ameteo, Xanthos! Sie grüßten, wieherten vergnügt, hoben den Schweif, und mit einem ungestümen Aufbäumen gingen sie sogleich zum Angriff über. Eines der Pferde, das gewiß zu den Anführern gehörte, stellte sich auf die Hinterbeine, gestikulierte anmutig mit den Vorderbeinen, den Hals grazil wie eine Schlange hin- und herwendend. So bewegte es sich ein Stück vorwärts, als vollführe es einen Kriegstanz, bis es von einem Speer mitten ins Herz getroffen wurde ...

Der Angriff schien Erfolg zu haben. Die Mauern begannen zu wanken.

Plötzlich hielten die Tiere erstarrt inne. Sie hatten sich, das eine auf dem Rücken des andern, aufgerichtet, reckten die Hälse und schauten zu den Pappeln hinüber, die den Kossinites säumten. Auch die Verteidiger sahen in dieselbe Richtung, und ein überwältigendes Schauspiel bot sich ihren Augen.

Hoch über den schwarzen Baumgruppen zeichnete sich ein riesiger Löwenkopf grauenvoll vom Abendhimmel ab, und er schaute zur Stadt herüber. Es war eine jener immer seltener werdenden vorsintflutlichen Bestien, die von Zeit zu Zeit das Rhodopegebirge heimsuchten. Doch nie zuvor hatte man ein solches Ungeheuer gesehen, denn jener Kopf überragte die höchsten Bäume, und seine Mähne fiel weit hinab auf das vom Abendhimmel gerötete Laub. Deutlich glänzten seine gewaltigen Reißzähne, man erkannte die vor dem Licht halbgeschlossenen Augen, mit der Brise wurde sein wilder Geruch herübergetragen. Unbewegt im zitternden Laubwerk, die gigantische Mähne von der Sonne rostfarben, fast golden gefärbt, hob er sich vom Horizont wie einer jener Felsblöcke ab, in die die Pelasger, die so alt waren wie die Berge selbst, ihre barbarischen Gottheiten eingemeißelt hatten.

Plötzlich setzte er sich in Bewegung, langsam wie das Meer. Man hörte, wie seine Brust durch das Astwerk streifte, man spürte seinen Atem, und sein Gebrüll würde gewiß sogleich die ganze Stadt erzittern lassen.

Trotz ihrer Stärke und ihrer großen Zahl zeigten sich die rebellierenden Pferde einer solchen Bedrohung nicht gewachsen. Wie ein Sturm jagten sie davon, am Meeresufer entlang, nach Makedonien. Viele von ihnen stürzten sich in die Brandung. Ein wahrer Orkan aus Sand und Schaum.

In der Festung herrschte Entsetzen. Wie konnte man sich gegen einen solchen Feind wehren? Wel-

ches Bronzescharnier würde seinen Zähnen wider-
stehen? Welche Mauer seinen Klauen? . . .
Schon dachten sie, daß die Gefahr, der sie gerade
entronnen waren, angesichts einer solchen Bedro-
hung vorzuziehen war. Schließlich war es ein
Kampf gegen zivilisierte Tiere. Es fehlte ihnen der
Mut, auch nur den Bogen zu spannen, als das
Ungeheuer aus der Baumgruppe heraustrat. Kein
Brüllen kam über seine Lefzen, sondern der
menschliche Schlachtruf *Alale!*, der von der Fe-
stung triumphierend mit *Hojohei!* und *Hojotoho!*
erwidert wurde.
Ein unglaubliches Wunder!
Der Kopf der Raubkatze wurde überstrahlt vom
Gesicht eines Gottes, und seine Marmorbrust, seine
Eichenarme, seine starken Muskeln bildeten mit
dem honiggelben Fell eine prächtige Einheit.
Und ein Schrei, ein einziger Aufschrei der Freiheit,
des Dankes, des Stolzes hallte durch den Abend:
«Es ist Herkules, Herkules kommt zu uns!»

Es geschah vor sechs Jahren. Ich reiste durch das ländliche Gebiet, das zwischen den Provinzen Córdoba und Santa Fe liegt, ausgestattet mit den unerläßlichen Empfehlungen, um den miserablen Gasthäusern in jenen gerade erst entstandenen Siedlungen zu entgehen. Mein Magen, der von dem ewigen gekochten Fleisch mit Fenchel und den unvermeidlichen Nüssen als Dessert völlig ruiniert war, brauchte dringend Erholung. Meine letzte Fahrt sollte unter den schlimmsten Vorzeichen stattfinden. Niemand konnte mir in dem Dorf, in das ich fahren wollte, eine Herberge nennen. Die Zeit drängte schon, als mir der Friedensrichter, der mir eine gewisse Sympathie entgegenbrachte, zu Hilfe kam.

«Ich kenne dort», sagte er, «einen Engländer. Er ist Witwer und lebt allein. Er besitzt das beste Haus des ganzen Dorfes und große Ländereien.

Einige Gefälligkeiten, die ich ihm in Ausübung meines Amtes erweisen konnte, wären wohl der rechte Anlaß, Ihnen die gewünschte Empfehlung zu geben, und wenn Sie damit Erfolg haben, werden Sie eine ausgezeichnete Unterkunft finden. Ich sage, wenn Sie Erfolg haben, denn dieser Mann hat trotz seiner Vorzüge auch bisweilen seine Eigenheiten. Außerdem ist er außerordentlich verschlossen. Niemandem gelang es bisher, weiter in sein Haus einzudringen als bis zu dem Zimmer, in dem er seine – übrigens seltenen – Gäste unterbringt. Das heißt also, daß die Chancen nicht allzu groß sind, aber es ist alles, was ich für Sie tun kann. Der Erfolg hängt ganz vom Zufall ab. Wenn Sie trotzdem eine Empfehlung haben möchten, ...»

Ich akzeptierte, trat sofort die Reise an und gelangte ein paar Stunden später an mein Ziel.

Der Ort hatte nichts Reizvolles. Hier der Bahnhof mit seinem roten Ziegeldach, dem mit knirschendem Kohlenstaub bedeckten Bahnsteig, der Signalanlage auf der rechten und dem Wasserbehälter auf der linken Seite. Auf dem gegenüberliegenden Gleis ein halbes Dutzend Waggons, die auf die Ernte warteten. Dahinter der Schuppen, zum Bersten gefüllt mit Weizensäcken. Jenseits des Bahndamms die Pampa, ein gelblicher Grasteppich. In der Ferne einzelne kleine, unverputzte Häuser, jedes mit seiner Tenne daneben. Am Horizont die Rauchfahnen des fahrenden Zugs. Das ländliche Bild eingerahmt von der Stille friedsamer Unendlichkeit.

Alles war, wie bei neugegründeten Siedlungen üblich, einförmig symmetrisch angelegt. Man sah die

Meßstriche in der Physiognomie der herbstlichen Landschaft. Ein paar Siedler kamen zur Poststelle, um ihre Briefe zu holen. Ich fragte einen von ihnen nach dem besagten Haus und erhielt sogleich Auskunft. In der Art, wie er von meinem Gastgeber sprach, merkte ich, daß man ihn für einen bedeutenden Mann hielt.

Er wohnte nicht weit vom Bahnhof entfernt. Etwa eine Meile westlich, am Ende eines staubigen Weges, der in der Abenddämmerung lilafarbene Schattierungen annahm, sah ich das Haus mit Gesims und Brüstung, das inmitten der andern Häuser auffallend prunkvoll wirkte. Davor lag der Garten; der Innenhof war von einer Mauer umgeben, hinter der Pfirsichzweige emporragten. Es war ein gefälliger, frischer Anblick, doch das Haus schien völlig unbewohnt. In der Abendstille dort über den einsamen Feldern strahlte jenes Haus trotz seines geschäftigen Aussehens eine Art traurige Ruhe aus, ähnlich wie ein frisches Grab auf einem alten Friedhof.

Als ich zum Gitter kam, sah ich Rosen im Garten, Herbstrosen, die mit ihrem Duft, gleichsam als Akt der Menschenliebe, die lästigen Ausdünstungen des gedroschenen Getreides milderten. Zwischen den Pflanzen, die ich fast mit der Hand berühren konnte, wuchs ungehindert das Unkraut, und an der Wand lehnte ein verrosteter Spaten, dessen Stiel völlig von den Trieben einer Kletterpflanze umschlungen war.

Ich stieß das Tor auf, ging durch den Garten, und nicht ohne ein vages Gefühl der Angst klopfte ich an

die Eingangstür. Minuten vergingen. Durch eine
Ritze hörte ich den Wind pfeifen, und die Einsamkeit wurde noch beklemmender. Nach dem zweiten
Klopfen vernahm ich Schritte, und kurz darauf
öffnete sich knarrend die Tür. Der Besitzer trat
heraus und grüßte mich.

Ich zeigte ihm meinen Brief. Während er las, konnte
ich ihn in aller Ruhe betrachten. Hoher, kahler
Kopf, das Gesicht in der Art eines *Clergyman*
rasiert, volle Lippen, strenge Nase. Er war gewiß
eine etwas träumerische Natur. Die wulstigen Au-
genbrauen, die seine impulsiven Neigungen erkennen ließen, bildeten einen Ausgleich zur gebieteri-
schen Verachtung seines Kinns. Von Beruf konnte
dieser Mann ebensogut Soldat wie Missionar sein.
Um meinen Eindruck zu vervollständigen, hätte ich
gerne seine Hände betrachtet, konnte aber nur den
Handrücken sehen.

Nachdem er den Inhalt des Briefes zur Kenntnis
genommen hatte, forderte er mich auf hereinzu-
kommen. Die Zeit bis zum Abendessen war ich
damit beschäftigt, meine Sachen zu ordnen. Erst
als wir bei Tisch saßen, fiel mir etwas ausgespro-
chen Sonderbares auf.

Während des Essens bemerkte ich, daß mein Gegenüber trotz seiner Höflichkeit auffallend beun-
ruhigt schien. Sein ständig in eine Ecke des Zimmers gerichteter Blick verriet eine gewisse Angst.
Da jedoch sein Schatten auf diese Stelle fiel, konnten meine verstohlenen Blicke nichts entdecken.
Außerdem war es sehr gut möglich, daß es sich um
eine gewöhnliche Zerstreutheit handelte.

Trotz allem führten wir eine recht angeregte Unterhaltung. Es war die Rede von der Cholera, die damals die benachbarten Dörfer heimsuchte. Mein Gastgeber war Homöopath, und er verhehlte nicht seine Genugtuung darüber, daß er in mir einen Zunftgenossen gefunden hatte. Im Verlauf der Unterhaltung wurde das Gespräch durch einen bestimmten Satz in eine andere Richtung gelenkt. Die Wirkung geringerer Arzneidosen brachte mich auf einen Gedanken, den ich sogleich darlegen wollte.

«Der Einfluß, den die Nähe einer x-beliebigen Substanz», so beendete ich meine Ausführungen, «auf das Rutter-Pendel hat, ist unabhängig von der Menge. Eine homöopathische Kugel bewirkt die gleichen Ausschläge, wie sie eine fünfhundert- oder tausendfache Dosis auslösen würde.»

Ich merkte sofort, daß diese Überlegungen sein Interesse weckten. Der Hausherr schaute mich jetzt an.

«Allerdings», entgegnete er, «hat Reichenbach dieses Experiment widerlegt. Ich nehme an, Sie haben Reichenbach gelesen.»

«Gewiß, ich habe ihn gelesen. Ich habe seine Kritik bedacht, das Experiment durchgeführt, und mein Apparat bestätigte die Auffassung Rutters, zeigte mir also, daß der Irrtum bei dem deutschen und nicht bei dem englischen Gelehrten lag. Dieser Irrtum ist äußerst einfach zu erklären, so einfach, daß ich überrascht bin, wieso der berühmte Entdecker des Paraffins und des Kreosots ihn nicht erkannte.»

Ein Lächeln meines Gastgebers: untrüglicher Beweis dafür, daß wir uns verstanden.

«Benutzten Sie das erste Rutterpendel oder die von Dr. Leger verbesserte Version?»

«Die letztere», antwortete ich.

«Sie ist besser. Und was wäre Ihren Untersuchungen zufolge die Ursache für den Irrtum Reichenbachs?»

«Folgendes: Die Sensitiven, mit denen er arbeitete, beeinflußten den Apparat, indem sie sich von der Menge der untersuchten Substanz beeinflussen ließen. Angenommen, der von einem Skrupel (= 1,198 g) Magnesium verursachte Ausschlag erreichte eine Amplitude von vier Linien, so forderten die landläufigen Begriffe von Ursache und Wirkung, daß die Schwingung proportional zur Menge, zum Beispiel zehn Gramm, zunimmt. Die Sensitiven des Barons waren im allgemeinen Leute, die nicht mit wissenschaftlichen Spekulationen vertraut waren, und wer derartige Experimente durchführt, weiß, wie stark solche Personen von Meinungen beeinflußt werden, die für richtig gehalten werden, vor allem dann, wenn sie auch logisch sind. Hier steckt die Ursache für den Irrtum. Das Pendel reagiert nicht auf die Menge, sondern allein auf die Art der untersuchten Substanz! Wenn der Sensitive *glaubt*, daß die Menge eine Rolle spielt, so steigt die Wirkung, da jeder Glaube Wille ist. Ein Pendel, bei dem die Versuchsperson agiert, ohne die Quantitätsveränderungen zu kennen, bestätigt Rutters These. Wenn die Halluzination aufhört, . . .»

«Aha, damit sind wir also bei der Halluzination

angelangt», sagte mein Gesprächspartner mit sichtlichem Unbehagen.

«Ich gehöre nicht zu denen, die alles mit Halluzination erklären oder sie mit der Subjektivität verwechseln, wie es häufig geschieht. Halluzination ist für mich eine Kraft, nicht so sehr ein Gemütszustand, und so betrachtet, lassen sich damit zahlreiche Phänomene erklären. Meiner Auffassung nach ist es die richtige Theorie.»

«Sie ist leider falsch. Schauen Sie, ich lernte so um 1872 in London das Medium Home kennen. Mit lebhaftem Interesse verfolgte ich später aus rein materialistischer Sicht die Experimente Crookes', doch mußte ich mich aufgrund der 1874 beobachteten Phänomene den Tatsachen beugen. Mit Halluzination läßt sich nicht alles erklären. Glauben Sie mir, die äußere Erscheinungsform ist selbständig . . . »

«Gestatten Sie mir einen kleinen Exkurs», unterbrach ich ihn, da mir diese Ausführungen Gelegenheit boten, meine Annahmen über die Person zu bestätigen. «Ich möchte Ihnen eine Frage stellen, die Sie aber, sollte sie indiskret sein, nicht beantworten müssen. Waren Sie in der Armee?»

«Kurze Zeit. Ich war in Indien und habe es bis zum Leutnant gebracht.»

«Indien war für Sie sicher ein Ort, an dem Sie interessante Beobachtungen machen konnten.»

«Nein. Durch den Krieg war der Weg nach Tibet versperrt, wohin ich gerne gegangen wäre. Ich kam bis Cawnpore, nicht weiter. Aus Gesundheitsgründen kehrte ich schließlich nach England zurück.

Von England ging ich 1879 nach Chile, und 1888 kam ich dann hierher.»

«Sind Sie in Indien krank geworden?»

«Ja», gab der ehemalige Offizier traurig zur Antwort, wobei er seinen Blick erneut in die Ecke des Raumes richtete.

«Cholera?» fragte ich weiter.

Er stützte seinen Kopf auf die linke Hand und warf mir einen flüchtigen Blick zu. Mit dem Daumen fuhr er sich durch das schüttere Haar im Nacken. Ich fühlte, daß er mir etwas anvertrauen wollte, und diese Gebärden waren der Prolog dazu. Ich wartete. Draußen im Dunkel zirpte eine Grille.

«Es war etwas viel Schlimmeres», begann mein Gastgeber. «Es war das Mysterium. Es sind bald vierzig Jahre, und bis heute hat es niemand erfahren. Wozu auch? Sie hätten es nicht verstanden und mich für verrückt gehalten. Ich bin nicht schwermütig, sondern hoffnungslos. Meine Frau starb vor acht Jahren, ohne zu wissen, welche Krankheit an mir zehrte. Glücklicherweise habe ich keine Kinder. In Ihnen finde ich zum ersten Mal einen Menschen, der mich zu verstehen vermag.»

Ich verneigte mich dankend.

«Wie schön ist doch die Wissenschaft, die freie Wissenschaft ohne Kollegium und ohne Akademie! Und doch stehen Sie erst an der Schwelle. Reichenbachs odische Fluida sind nichts weiter als der Prolog. Was Sie jetzt erfahren, wird Ihnen zeigen, wie weit man vordringen kann.»

Der Erzähler war erregt. Er mischte englische Sätze unter sein recht steifes Spanisch. Durch die strengen, einschneidenden Zäsuren erlangte seine Rede eine bei diesem fremden Akzent seltsam wirkende rhythmische Fülle.

«Es war im Februar 1858», fuhr er fort, «als ich meine ganze Lebenslust verlor. Sie haben gewiß von den *Jogis* gehört, jenen sonderbaren Bettlern, deren Leben halb aus Schnüffelei und halb aus Wundertätigkeit besteht. Durch Reiseberichte sind ihre Kunststücke allgemein bekannt geworden, so daß es überflüssig wäre, sie hier zu erzählen. Wissen Sie aber, worauf ihre Kräfte beruhen?»

«Ich glaube, auf ihrer Fähigkeit, jederzeit den Autosomnambulismus hervorzurufen, und auf diese Weise völlig gefühllos zu werden, seherische Kraft zu erlangen, ...»

«Richtig. Nun, ich beobachtete *Jogis* unter Bedingungen, die jeden Betrug ausschließen. Es gelang mir sogar, die Szenen zu photographieren, und die Platte zeigte alles genauso, wie ich es gesehen hatte. Halluzination war also unmöglich, denn chemische Substanzen halluzinieren nicht ... Dann wollte ich ähnliche Fähigkeiten entwickeln. Ich war immer etwas wagemutig und vermochte damals auch nicht die Folgen zu übersehen. Ich machte mich also ans Werk.»

«Nach welcher Methode?»

Ohne mir zu antworten, fuhr er fort:

«Die Ergebnisse waren überraschend. Nach kurzer Zeit gelang es mir zu schlafen. Nach zwei Jahren vollzog ich den bewußten Übertritt in die andere Wirklichkeit. Aber diese Praktiken hatten in mir eine äußerst starke innere Unruhe ausgelöst. Ich fühlte mich in einer schrecklichen Weise verloren, hatte die Gewißheit, daß etwas wie Gift in mein Leben eingedrungen war. Gleichzeitig verzehrte mich die Neugier. Ich bewegte mich auf einen Abgrund zu und konnte nicht mehr zurück. Durch eine gewaltige Willensanstrengung gelang es mir, vor der Welt den Schein zu wahren. Doch mit der Zeit ließen sich die in mir geweckten Kräfte immer schwieriger zähmen ... Eine etwas länger andauernde Geistesabwesenheit löste die Bewußtseinsspaltung aus. Ich spürte, daß meine Person aus mir herausgetreten war, mein Körper war so etwas wie die Bestätigung des Nicht-Ichs, um für diesen Zustand eine konkrete Benennung zu finden. Da die Eindrücke lebhafter wurden und mir eine angsterregende Hellsichtigkeit verliehen, beschloß ich eines Abends, meinen Doppelgänger zu sehen. Zu sehen, was im ekstatischen Traum aus mir heraustrat, während ich ich selbst blieb.»

«Und es gelang Ihnen?»

«Es geschah eines Abends, fast bei Einbruch der Nacht. Die Spaltung vollzog sich mit der gewohnten Leichtigkeit. Als ich mein Bewußtsein wiedererlangte, stand vor mir in einer Ecke des Zimmers eine Gestalt. Und diese Gestalt war ein Affe, ein furchterregendes Tier, das mich unentwegt anstarrte. Seitdem hat er mich nie mehr verlassen. Ich sehe ihn immer. Ich bin ihm ausgeliefert. Wohin *er* will, *gehe ich mit mir*, mit *ihm*. Er ist immer da. Nie wendet er den Blick von mir, doch nie kommt man *ihm* näher, er bewegt *sich* nie, ich bewege *mich* nie ...»

Den letzten Satz mit seinen unlogisch gebrauchten Pronomen habe ich genauso wiedergegeben, wie ich ihn hörte. Ich empfand aufrichtiges Mitgefühl. Dieser Mann litt in der Tat unter einer schrecklichen Suggestion.

«Beruhigen Sie sich», sagte ich zuversichtlich. «Eine Reintegration ist nicht unmöglich.»

«O doch!» antwortete er voller Bitterkeit. «Das geht schon zu lange so. Bedenken Sie doch, ich habe die Vorstellung von der Einheit verloren. Ich weiß zwar auswendig, daß zwei und zwei vier sind, aber ich empfinde es nicht mehr. Die einfachste Rechenaufgabe gibt für mich keinen Sinn, da ich keine genaue Vorstellung von Quantität habe. Doch passieren mir noch seltsamere Dinge. Wenn zum Beispiel eine Hand die andere berührt, spüre ich, daß jene ganz anders ist, so als gehörte sie jemand anderem, der nicht ich bin. Bisweilen sehe ich Dinge doppelt, weil jedes Auge unabhängig vom anderen schaut . . .»

Es handelte sich ohne jeden Zweifel um einen besonderen Fall von Wahnsinn, der ein absolut klares Denken nicht ausschloß.

«Aber was ist nun mit dem Affen?» fragte ich, weil ich der Sache auf den Grund kommen wollte.

«Er ist schwarz wie mein eigener Schatten, dazu melancholisch wie ein Mensch. Die Beschreibung trifft genau zu, denn gerade jetzt sehe ich ihn. Er ist von mittlerer Statur, sein Gesicht wie alle Affengesichter. Trotzdem spüre ich, daß er mir gleicht. Ich sage dies bei absolut klarem Verstand. Dieses Tier gleicht mir!»

Dieser Mann wirkte in der Tat ruhig und gelassen, und doch stand die Vorstellung von dem Affengesicht in so krassem Gegensatz zu diesem Gesicht und seinem angenehmen Profil, seiner hohen Stirn und geraden Nase, daß allein dieser Umstand, viel mehr noch als die absurde Halluzination, das Ganze unglaubwürdig erscheinen ließ.

Er merkte, was in mir vorging und stand auf, als wolle er mich endgültig überzeugen: «Ich werde durch das Zimmer gehen, damit Sie es selbst sehen. Achten Sie bitte auf meinen Schatten.»

Er drehte das Licht der Lampe höher, schob den Tisch ans andere Ende des Eßzimmers und begann auf und ab zu gehen. Da erfaßte mich das größte Erstaunen. Der Schatten dieses Menschen bewegte sich nicht! Er fiel, von der Taille aufwärts, in eine Ecke des Zimmers, während der andere Teil des Schattens auf dem hellen Holzfußboden lag. So glich er einer Membrane, die sich je nach größerer oder geringerer Entfernung der Person verlängerte oder verkürzte. Hingegen konnte ich unter dem Lichteinfall, in dem sich der Mann jeweils befand, keinerlei Verschiebung feststellen.

Da ich befürchtete, ich könne einem Wahn erlegen sein, wollte ich davon loskommen und sehen, ob ich bei einem Experiment mit meinem Gastgeber zu einem ähnlichen Ergebnis kam. Um seine Silhouette zu erhalten, bat ich ihn um die Erlaubnis, das Profil seines Schattens mit einem Bleistift nachzuzeichnen.

Er gab sie mir, und ich klebte mit vier Brotkügelchen, die ich zur besseren Haftfähigkeit angefeuchtet hatte, ein Blatt Papier so an die Wand, daß der Schatten des Gesichts mitten auf das Blatt fiel. Ich wollte also die Übereinstimmung des Profils zwischen Gesicht und Schatten (was eigentlich selbstverständlich war, von der halluzinierten Person jedoch geleugnet wurde) und damit die Herkunft des Schattens und seine Unbewegtheit erklären.

Ich würde lügen, wollte ich behaupten, meine Hände hätten nicht gezittert, als sie sich auf den dunklen Fleck legten, der übrigens exakt das Profil meines Gesprächspartners wiedergab. Aber ich kann mit absoluter Gewißheit sagen, daß ich die Zeichnung mit völlig sicherer Hand machte. Mit einem blauen Hardtmuthstift zeichnete ich die Linie in einem Zug, und bevor ich das Blatt löste, vergewisserte ich mich durch eine sorgfältige Kontrolle, daß meine Zeichnung genau mit dem Profil des Schattens und dieser mit dem Gesicht der halluzinierten Person übereinstimmten.

Mein Gastgeber verfolgte das Experiment mit größtem Interesse. Als ich mich dem Tisch näherte, sah ich seine Hände vor Erregung zittern. Mein Herz hämmerte, als ahnte es das grauenvolle Ende.

«Schauen Sie nicht her!» sagte ich.

«Ich werde schauen», erwiderte er so herrisch, daß ich unwillkürlich das Papier ans Licht hielt.

Wir wurden beide schreckensbleich. Vor unseren Augen zeichnete der Bleistiftstrich eine flache Stirn, eine platte Nase, eine bestialische Schnauze. Der Affe! Das Teufelswerk!

Es muß ausdrücklich gesagt werden, daß ich nicht zeichnen kann.

Francesca

Ich lernte ihn in Forli kennen, wohin ich mich begeben hatte, um den von Raffael ausgemalten Saal im Palazzo del Municipio zu besichtigen.

Er war ein italienischer Student, vollkommen in seiner Art. Anlaß des Gesprächs war eine Auskunft über Zugabfahrtszeiten gewesen, denn ich wollte nach Rimini, der nächsten Station, weiterreisen, und natürlich stand auf meinem Reiseprogramm ein Besuch in der Heimat Francescas.

Mit galanter Höflichkeit, aber auch lobenswerter Offenheit erklärte er mir, daß er arm sei, und bot mir ein Dokument zum Kauf an – von dem er sich nie hatte trennen wollen –, ein Pergament aus dem 13. Jahrhundert, in dem angeblich die wahren Vorgänge jener berühmten Episode beschrieben waren. Weder Not noch Profit hätten ihn je zur Veräußerung dieser Handschrift veranlassen können, aber er glaubte, mir gegenüber gewisse Pflichten der «Kollegialität» zu haben, und außerdem sei ich ihm sympathisch. Auch mein glühendes Interesse für die Heldin, das er, wenn auch gewiß mit noch größerer Inbrunst, teilte, hätte ihn veranlaßt, mir dieses Geschäft vorzuschlagen.

Ich erwarb den Palimpsest ohne große Begeisterung, da ich mich eigentlich nur wenig mit historischen Forschungen befasse. Doch kaum war er in meinem Besitz, änderte sich meine Einstellung so grundlegend, daß aus der knappen Stunde, die ich für das Zurücklegen der vierzig Kilometer zwischen Forli und Rimini eingeplant hatte, eine ganze Woche wurde. Ich will damit sagen, daß ich ganze sieben Tage in Forli blieb.

Die Lektüre des Dokuments wäre ohne die Hilfe meines zufälligen Freundes äußerst schwierig gewesen; der aber kannte es, da es seit uralten Zeiten seiner Familie gehört hatte, fast wie eine Familienchronik auswendig. Wenn ich überhaupt noch Zweifel an der Echtheit jenes Pergaments hatte, so schwanden sie bei dessen minutiöser Untersuchung vollständig dahin. Hierfür benötigte ich die meiste Zeit.

Das Dokument war in lateinischer Sprache abgefaßt, mit der für das 13. Jahrhundert so charakteristischen schönen, kräftigen gotischen Kalligraphie, die wegen der ausgeprägten individuellen Gestaltung der Buchstaben und dem breiten Abstand zwischen den Zeilen selbst bei starker Beschädigung noch gut lesbar ist. Es war sogar mit einem *signum tabellionis* beglaubigt, das dem Notar Balzarino de Cervis gehörte und mit seinen neun

Schleifen seher kompliziert aussah. Es trug das Datum des 12. Juni 1292.

Wenn schon das Entziffern der Schrift nicht sehr leicht war, so erwies sich die Lektüre des Textes wegen der zahllosen Abkürzungen und konventionellen Symbole als äußerst beschwerlich. Hätte da nicht der frühere Besitzer wie ein überlieferter Code zur Verfügung gestanden, sie hätten die Hilfe eines Paläographen erfordert. Andererseits waren jedoch gerade diese Abkürzungen und Symbole wertvolle Beweise für die Echtheit des Dokuments.

Einige davon waren überzeugend: das von rechts nach links schräg durchgestrichene o mit der Bedeutung *cum*, ein typisches Zeichen des späten 13. Jahrhunderts, während es zu Beginn dieses Jahrhunderts sowie in den früheren und den darauffolgenden andere Formen hatte; die von einem hochgestellten b wie mit einem algebraischen Exponenten versehene 2 (2^b) mit der Bedeutung *duabus*, auch dies ein Beweis, weil die arabischen Zahlen erst im 13. Jahrhundert in Europa Verbreitung gefunden hatten; die mit einem A ohne Querstrich dargestellte 7, gleichsam ein Merkmal für diesen Übergang; das auf seine erste Silbe abgekürzte und mit einer hochgestellten 9 markierte Wort *corpus* (cor^9) und die Form *fratribus*, die zu *ftbz*, mit einem a über dem f und einem i über dem t, abgekürzt war, sowie verschiedene andere Symbole, die ich hier nicht anführe. Nicht vergessen möchte ich jedoch die Initialen der Heldin, jene so charakteristischen F und R, die dem PP in unserer Kalligraphie sehr ähnlich sind.

Außerdem befinden sich am Textrand, Marginalien vergleichbar, zwei Wappen: eines breit und mandelförmig, das andere rautenförmig, das Wappen einer Dame also, das den Wappen einiger Visconti ähnelt. Aber die Visconti waren Lombarden, und zu der Zeit, aus der das Dokument stammt, hatten sie gerade erst ihre Herrschaft auf Mailand ausgedehnt. Außerdem waren diese Wappen hier vereinigt, was auf eine eheliche Verbindung hinweist. Leider sind an dieser Stelle nur undeutliche Bruchstücke der heraldischen Zeichen und Farben erhalten geblieben.

Der Inhalt des Dokuments läßt sich ohne Nachteil für den Leser unmöglich übersetzen, denn das schwerfällige Latein mit seiner kurialen Rhetorik, ganz zu schweigen von der trockenen Darstellung, mindert natürlich das Interesse. Also gebe ich hier eine nach eigenem Gutdünken frei formulierte Übersetzung und stelle das Original den Wißbegierigen zur Verfügung, weshalb ich es in unserer Nationalbibliothek hinterlegt habe, wo der Interessierte es zu den üblichen Öffnungszeiten einsehen kann.

Es beginnt mit folgenden Worten, die, wie man sieht, im Widerspruch zu Dante, Boccaccio und dem falschen Boccaccio stehen, da diese übereinstimmend behaupten, der Ehebruch sei vollzogen worden.

«Niemals gab es eine andere Beziehung zwischen Paolo und Francesca als *inbrünstige Freundschaft*. Selbst ihre Hände waren ohne Schuld, und der einzige Frevel ihrer Lippen war es, in der süßen

Beklemmung der uneingestandenen Leidenschaft zu zittern und zu erblassen.»

Der Autor behauptet, diese vertrauliche Mitteilung vom Gatten selbst, mit dem er befreundet war, erhalten zu haben.

Francesca war sechzehn Jahre alt, als sie (die Geschichte ist bekannt) mit Giovanni Malatesta vermählt wurde, um den Frieden, den die Polentas aus Ravenna mit den Malatestas aus Rimini geschlossen hatten, zu besiegeln.

Der bucklige und häßliche Bräutigam sandte seinen Bruder Paolo, damit dieser in seinem Auftrag heiratete, da er in Voraussicht der unvermeidlichen Enttäuschung und späteren Zurückweisung nicht wagte, persönlich zu erscheinen.

Francesca stand am Fenster des Palastes, als die Kavalkade des Brautzuges in den Ehrenhof einritt, und eine Dame aus ihrem Gefolge, ebenfalls getäuscht oder möglicherweise vom zukünftigen Gatten bestochen, zeigte ihr Paolo als den, der ihr wirklicher Herr und Gebieter werden sollte.

Dieser Irrtum führte zur Tragödie.

Paolo war jung und schön, gebildet und ein tapferer Ritter, höflich bis zur Unterwürfigkeit und fröhlich bis zur Leutseligkeit. Er war das Gegenteil seines Bruders, dessen düstere Verschlagenheit an Grausamkeit grenzte und dessen körperliches Gebrechen finsteren Pessimismus in ihm erweckt hatte, Merkmal besonders intelligenter mißgebildeter Menschen.

Auf diese Weise getäuscht, heiratete das Mädchen, und nachdem sie zum Schloß des Gatten gebracht worden war, verbrachte der echte Bräutigam die erste Nacht mit ihr. Sie konnte ihn nicht sehen, da er den Alkoven im Dunkeln betreten hatte.

Er dachte, nach vollzogener Ehe sei der Stolz der Dame der beste Garant seiner Rechte als Ehegatte, und in der Tat hatte er sich darin nicht getäuscht. Seine Handlungsweise ist jedoch ein klarer Beweis sowohl für das Ungestüm seiner Leidenschaften als auch für die kalte Berechnung, mit der er sie zu befriedigen wußte.

Die Enttäuschung der jungen Braut beim Erwachen war, wie man sich leicht vorstellen kann, maßlos, und so, wie sie Haß und Verachtung gegen den Tyrannen erzeugte, der ihre jungfräuliche Gutgläubigkeit mißbraucht hatte, ließ sie die Sympathie, die sie für den andern empfand, sich zur Liebe entfalten.

Wahrhaftig, welch entsetzlicher Unterschied zwischen der sehnsüchtigen Erwartung während der kurzen Brautzeit, die sich durch die Vorstellung des falschen Bräutigams fast in Glückseligkeit verwandelte, der stolzen Freude der Hochzeitsfeier, umgeben von religiösem Pomp und weltlichem Gepränge, die der Stattlichkeit des Edelmanns noch mehr Glanz verliehen, und jenem Erwachen in den Armen des Ungeheuers, dessen erster Blick als Gatte sie bereits durch sein Mißtrauen beleidigte und ihr das grausame Joch ihres Schicksals offenbarte.

Der eine war für sie das Sinnbild ihrer ersten Begegnung, jugendlicher Freude und zärtlich dargebrachter Schönheit, der andere nichts als tyrannische Gewalt der ungeliebten Pflicht, schnöder

Betrug, feige Häßlichkeit. Er besaß nur ein Merkmal von Größe, und das war die Angst, die er
einflößte. Diese Angst und die Pflicht bildeten
die Meute, die wie zwei Bluthunde seine Ehre
bewachten.

So entdeckte Francesca nach der Zerstörung ihres
rechtmäßigen Glücks die verbotene Seligkeit der
Hölle.

In ihrem trostlosen Frühling, auf dem der Trotz
ihrer Jugend keinen Schnee der Resignation duldete, war Paolo der einzige Sonnenstrahl, der die
welken Knospen zum Leben erweckte.

Nachdem er zunächst als Gefahr aus ihrer unmit-
telbaren Nähe verbannt worden war, hatte sein
korrektes Verhalten das Mißtrauen besiegt, und an
die Stelle kalter, kaum verhüllter Verachtung war
sogar ein Gefühl melancholischer Brüderlichkeit
getreten.

In ihrer Menschenscheu, die sie trotz der Größe des
prachtvollen Palastes in die Einsamkeit trieb, fühlte sich Francesca nur in seiner Gegenwart wohl.
Doch sie sahen sich nur bei Tag, mit dem still-
schweigenden Einverständnis, sich bei Nacht nicht
zu begegnen.

Giovanni, der sich mit Studien der Kriegstaktik
befaßte und − Gott schütze uns! − sich in der
restlichen Zeit der Magie widmete, schien nichts zu
bemerken. Doch Bucklige sind genauso pervers,
wie sie eifersüchtig sind, und da er wußte, daß sich
die beiden liebten, genoß er es, sie leiden zu sehen.
Dieses gefährliche Spiel reizte ihn wie stechender
Schmerz und süße Lust zugleich, obwohl bereits

feststand, daß sein Dolch das Spiel entscheiden sollte.

Als wäre er der Satan selbst, schürte er manchmal jene Folter von Ehre und Liebe mit den lockenden Versuchungen seines grauenvollen Kusses. Das dauerte zehn Jahre, und die Niedertracht wurde stark wie lange im Dunkel reifender Wein.

Solange sie ihre Leidenschaft beherrschten, wurde seine Rache durch die Qual ihrer Beherrschung gestillt; im andern Fall würde sie der sichere Tod erwarten, jener *Kains*-Tod, den der Dichter im V. Gesang erwähnt; er gibt ihm den Namen des Höllenkreises aus dem XXXII. Gesang, als wolle er mit der ungewöhnlichen Bezeichnung die unendliche Bitterkeit noch deutlicher zum Ausdruck bringen. So waren zehn Jahre vergangen.

Nach Heldentum und Pflicht vollbrachte schließlich auch die Liebe ihr Werk. Durch die vertraute Beziehung zwischen Gattin und Schwager und ihr häufiges Zusammensein entstand wachsende Vertrautheit.

Paolo tat alles Erdenkliche, um der in diesem Schloß eingekerkerten Jugend das Dasein erträglicher zu machen, und mit seiner vollendeten Höflichkeit und würdevollen Zärtlichkeit eroberte er das Herz jener Frau, in der die byzantinische Verfeinerung ihrer Heimatstadt ein noch sensibleres Empfinden geweckt hatte.

Trotz ihres harten Schicksals hatte sie nicht das Gefallen an kostbarer Seide, Juwelen und Elfenbein verloren, und man mochte glauben, daß vom Geist jenes legendären *Malvasiers*, der die Andronikos, ihre Zeitgenossen, ihre Dekadenz vergessen ließ und die ärmliche Unansehnlichkeit des hellenischen Monemvasia unsterblich machte, nicht wenig in ihr zartes Wesen eingedrungen war. Byzantinische Magie, die der Wind über die vertraute Adria herüberwehte, byzantinische Zaubertränke, die sich mit ihrem Blut alter, vornehmer Herkunft vermischten, und byzantinischer Prunk, der noch den Luxus und die Kunst ihrer Zeit beherrschte, machten sie ganz gewiß für die Liebe empfänglich, jene in ihrer grenzenlosen Grausamkeit noch heißer ersehnten Liebe.

Paolo verstand es meisterhaft, Rätsel zu erfinden, denen der Zeitgeschmack einen hohen literarischen Rang zuerkannte und die sogar in geheimer Korrespondenz und in Wappensprüchen verwendet wurden. Ihr einziger Makel bestand darin, daß in allen Rätseln, die er für Francesca erfand, ihre Schönheit und die Liebe die einzigen Themen waren.

Die ersten Versuche waren schüchtern, und der Sinn blieb dunkel. Das Pergament erwähnt eines jener Spiele, dessen Lösung darin bestand, daß ein Wort, vor oder rückwärts gelesen, eine Bedeutung ergab; seine Lösung war *legna-angel*.

Es erwähnt auch ein Rätsel, «Liebeskreuz» genannt, das so angeordnet war:

ECATE
NEMEA
AMORE
FURIE
IMENE

Ein anderes ist aus senkrecht angeordneten Wörtern gebildet, die sowohl von links nach rechts als auch von oben nach unten gelesen werden können und gestammelte Liebesworte sind:

AMAI
MIME
AMOR
IERI

Oder dieses letzte, das in derselben Weise aufgebaut ist und in dem Dokument als V-Rätsel bezeichnet wird:

ANIME
AMARO
CUORE

Doch sehen wir nun weiter, wie es zur Tragödie kam.

Francesca war sechsundzwanzig Jahre alt geworden, es war der zweite Frühling der Liebe, gleich einem Sommer brennend und schwer. Zehn Jahre des Leidens schrieen nach einer Stunde des Glücks, und in der Wehmut der zu Ende gehenden Jugend, dem Abschied von der Schwärmerei der jungen Jahre, überfiel sie die Angst, sie könne sterben, ohne auch nur ein einziges Mal den Kuß der Erlösung in ihrem so ungerechtfertigt düsteren Leben gekostet zu haben.

Jener Herbst hatte sie noch brüderlicher vereint, da sie viele Stunden lang gemeinsam Heiligenlegenden lasen, in denen blutiges Heldentum und phantastische Landschaften beschrieben wurden. Doch eines Tages, Tag des Verderbens, hatte der Unhold, dessen zehn Jahre dauernde satanische Freude schließlich das blutige Ende erheischte, die galante

Novellensammlung des *Novellino* ihrem Leid in die Hände gespielt.

Wie viele jener hundert Erzählungen, die sie durch Zufall in einem Wandregal fanden, mochten sie gelesen haben? Wenige vielleicht, nachdem sie die Geschichte des Lancelot du Lac so sehr verwirrt hatte.

Es war auf dem Balkon gewesen, der den Alkoven der Schloßherrin zum Westen hin öffnete, an einem Spätnachmittag, dessen wunderbare zarte Röte vom Schimmer des Mondes wie von leichtem Rauh-´ reif überzogen war. Von diesem oberen Stockwerk aus überblickte man die ganze im Mondlicht wie in einem Tintenfleck verdichtete Landschaft. Die dunklen Vorhänge zwangen sie, näher zusammen-zurücken, um das wenige Licht, das durch die Öffnung drang, besser zu nutzen. Sie saßen auf dem Diwan, unter dem Buch berührten sich ihre Knie, und ihre Gesichter kamen einander näher, bis sich ihre Haare berührten und sie vom Taumel der Versuchung erfaßt wurden. Ihre Füße, die sich den Schemel teilten, hatten sich fast berührt. Auf dem hohen Kamin verströmte eine byzantinische Likör-karaffe, die sie soeben mit dem köstlichen Likör aus Zara gelabt hatte, in der Dunkelheit des Zimmers den kostbaren und schweren Duft dalmatinischer Kirschen.

Sie lasen nicht mehr, und so vergingen viele Stun-den. Ihre auf dem Buch ruhenden Hände waren so kalt, daß nach und nach ihr ganzer Körper erstarr-te. Nur dort drinnen, dumpf pochend, lebten ihre Herzen in dunkler, verbrecherischer Erregung.

Und es vergingen viele Stunden, bis sie schließlich ganz vom Mondlicht überflutet waren.

Galeotto war das Buch ..., sagt der Dichter. Gott bewahre! Nein, es war der Stern.

Dann schauten sie sich an, und in ihrem Blick lag keine Wonne, sondern Schmerz, etwas, was so weit vom Kuß entfernt war, daß die Ewigkeit darin Platz gefunden hätte. Die Seele der jungen Frau löste sich in ihren Augen in Tränen auf, wie eine weiße Wolke, die sich in der abendlichen Kühle in Regen verwandelt. Und ach, welch großes Opfer der Zärtlichkeit verbarg sich abgrundtief im heldenhaften Schweigen jener Augen, jener Augen, schwarz wie die Schwalben der Leidenschaft! Und ihr, die ihr nur im Glück geliebt habt, beneidet jene Liebenden um ihre Qual, als sie liebeskrank in der von Glocken eingeläuteten Dämmerung die ganze Poesie der Liebesabende genossen, die in den Leiden der Seefahrer und den Sehnsüchten der in der Fremde weilenden Wanderer enthalten ist, so wie es im VIII. Gesang des *Purgatorio* beschrieben wird:

> Era giá l'ora che volge 'l disío
> A' naviganti, e 'ntenerisce il cuore
> Lo di c' han detto a' dolci amici addio;
> E che lo novo peregrin d' amore
> Punge, se ode squilla di lontano
> Che paia 'l giorno pianger che si more.

Sie waren totenbleich, und das Mondlicht verlieh ihrer Blässe die Gewißheit von Ewigkeit. Und als der Schmerz in lebendigen Tropfen — es war das einzige, was in ihnen lebte — über ihre Hände rann, begriffen sie, daß Worte, Küsse, ja sogar die Vereinigung als Erfüllung der Liebe nichts waren gegenüber dem Glück, gemeinsam zu weinen.

Der Mond setzte sein Werk der Blässe und der Erlösung, jenseits von Pflicht und Leben, fort...

Ein Schatten tauchte im Zimmer hinter dem Alkoven auf, verdunkelte flüchtig den schwarz und weiß gefliesten Boden, schlüpfte durch die kleine Tür, die zum Stockwerk führte, und von da zum Turm. Es war der Zwerg des Schlosses.

Malatesta hielt sich im Turm auf, wo er astrologische Nachforschungen anstellte. Doch sogleich unterbrach er seine Arbeit, stieg die Innentreppe zum Stockwerk hinunter, wo sich der Alkoven der Schloßherrin befand. Um rechtzeitig dorthin zu gelangen, mußte er sogar laufen, da es das Zimmer war, das am weitesten vom Turm entfernt lag.

Die Ekstase hielt noch an, aber die nun trockenen Augen glänzten, vom Gift des Mondes betäubt, wie Sterne der Verdammung. In jener verzerrten Blässe lag die unerschütterliche Kälte des fatalen Geschicks, und eine Reinheit, so absolut wie der Tod, entrückte und löste sie vom Leben.

Mit ihrem Körper hatten sie nicht gesündigt, denn sie hatten sich nicht berührt, nicht einmal miteinander gesprochen. Doch der Gatte *sah* in ihren Augen den Ehebruch mit so schwindelerregender Klarheit, mit einem so deutlichen Eingeständnis der Auflehnung und des Verbrechens, daß er ihnen, ohne einen Augenblick zu zögern, das Herz durchbohrte. Und das Pergament gibt ihm recht, ich kann es bezeugen.

Großmutter Julia

Immer tiefer in seine Menschenscheu versunken, hatte sich Emilio nur noch eine Freundschaft bewahrt: die mit seiner Tante Señora Olivia, einer alten Jungfer, unverheiratet wie er selbst, wenn auch zwanzig Jahre älter als er. Emilio war bereits fünfzig Jahre alt, was bedeutete, daß sich Señora Olivia den Siebzig näherte. Beide waren reich und ein wenig schüchtern, aber das waren nicht die einzigen Eigenschaften, die sie verbanden. Sie glichen sich auch in ihrem aristokratischen Geschmack, ihrer Vorliebe für gute Literatur und Reisebeschreibungen, ihrer Weltverachtung, die schon fast egoistisch war, ihrer Melancholie, die sie – ohne daß man so recht wußte warum – in der sprühenden Trivialität ihrer Konversation voreinander verbargen. Der Dienstag und der Donnerstag waren die Tage, an denen bei Señora Olivia Schach gespielt wurde, und Emilio nahm seit zehn Jahren eifrig an diesen Familienabenden teil, bei denen es weder Besucher noch Veränderungen gab. Es war nichts Ungewöhnliches, daß der Neffe sonntags bei der Tante zu Mittag aß, und aus diesem und den bereits genannten Gründen entwickelte sich zwischen ihnen eine zarte, von einem Schleier ironischer Traurigkeit leicht verhüllte Freundschaft, die jedoch keineswegs einen etwas zeremoniellen Respekt bei ihm und eine etwas vornehme Zutraulichkeit bei ihr ausschloß. Beide spielten mühelos die Rolle, die jedem aufgrund des Verwandtschaftsgrads und der Regeln der Schicklichkeit zufiel. Obwohl sie sich alles mitgeteilt hatten, was von gegenseitigem Interesse war, hüteten sie als wohlerzogene Menschen das Geheimnis der Traurigkeit voreinander. Außerdem sind, wie jeder weiß, alle alten Junggesellen ein wenig traurig. Das sagten sich insgeheim auch Emilio und Señora Olivia, wenn sie mit dem vermutlich vorhandenen Interesse aneinander dachten; sie an seine Menschenscheu, er an ihre Melancholie. Die Vermählung der Seelen, die viel häufiger vorkommt, als man allgemein annimmt, ist solange nicht vollzogen, als das Geheimnis der Bitterkeit, das jeder der beiden geistigen Gefährten in sich trägt und das gewissermaßen das Schamgefühl der Traurigkeit ist, sich nicht dem Zauber intimer Vertrautheit unterwirft. Señora Olivia und ihr Neffe waren in einer ähnlichen Lage. Wäre ihnen jene Traurigkeit, von der sie wußten, deren wirklichen Grund sie aber nicht kannten, bewußt geworden, so hätten sie überrascht festgestellt, daß sie sich nichts mehr zu sagen hatten. Doch sie behielten sie jeder für sich, aus jenem Egoismus der Bitterkeit heraus, der das charakteristische Merkmal der Leute von hohem Stand ist, und weil sie ihnen eine gewisse innere Unruhe verschaffte, eine Kostbarkeit angesichts der unverkennbaren Langeweile, die drohend aus der Tiefe ihrer einsamen Tage aufstieg. Ein winziges Geheimnis verhindert die Vertraulichkeit und ist eine schroffe Klippe für lieblose Beziehungen. So kam es, daß, obwohl es sich um zwei ältere Leute handelte, Señora Olivia doch stets Tante war und Emilio für immer Neffe blieb.

Vierzig Jahre zuvor, so erinnerte sich Señora Olivia, war dieser beängstigend frühreife Junge, dessen überschäumendes Talent, verbunden mit finsterer Melancholie, mehr als einmal um sein Leben fürchten ließ, war dieser junge Mann, schon damals so scheu wie heute, ihr Freund gewesen. Er überließ sich nicht wie andere Kinder auf dem Schoß des meistgeliebten Wesens einer heiteren Verzückung, sondern blickte mit so traurigen Augen drein, er hatte eine so hohe, breite Stirn, daß sie ihn zugleich liebte und Achtung vor ihm empfand. Sie merkte gar nicht, daß sie zwanzig Jahre älter war; sie betrachtete ihn als Freund und begann den Altersunterschied erst zu begreifen, als er nach Beendigung des Studiums aus Deutschland zurückkehrte, von Kopf bis Fuß ein Herr Ingenieur, der sie sehr respektvoll, sehr freundlich, begrüßte, doch zu sehr Neffe geblieben war, als daß sie nicht sofort ihren Pflichten als Tante nachgekommen wäre. Später wurde die Beziehung enger, aber auf andere Weise.

In ihrer stolzen Unabhängigkeit einer reichen, ledigen Frau nahm sie sich liebevoll des jungen Mannes an, dessen menschenscheues Wesen sie interessant fand, und als er drei Jahre später Waise wurde, fand er im Haus der alten Dame trotz Etikette und Förmlichkeiten das traute, nicht sehr warme Zuhause, das er brauchte.

Aufgrund eines unausgesprochenen, wenn auch deutlichen Einvernehmens wechselten sie im Lauf der Jahre ihren Zeitvertreib. Nach der Konversation die Musik, nach der Musik das Schachspiel. Ihre Gedanken und ihr Geschmack hatten sich gegenseitig so durchdrungen, daß Emilio, als er eines Abends in seinem vierzigsten Lebensjahr im kleinen, intimen Salon neben dem geschlossenen Klavier ein Schachbrett vorfand, dieses Abschließen des Instruments, welches das Ende einer ganzen Epoche anzeigte, scheinbar nicht bemerkte, sondern die üblichen Reverenzen erwies und zwei Stunden lang Schach spielte, als habe er sein ganzes Leben lang nichts anderes getan. Er fagte Señora Olivia nicht einmal, woher sie eigentlich wußte, daß er gerne Schach spielte. Gewiß wäre sie angesichts einer solchen Frage völlig sprachlos gewesen. Der Altersunterschied war in den Augen der beiden schließlich verschwunden. Beide hatten graues Haar, und das genügte ihnen. Vielleicht war sogar der Unterschied des Geschlechts bei ihnen verlorengegangen, oder er bestand nur noch aus Gründen der Höflichkeit. Señora Olivia hatte ihre Frische bewahrt, denn sie war von zweierlei Schnee bedeckt: der Jungfräulichkeit und dem Alter. Sie konnte noch anmutig lächeln, und um den Charme vollkommen zu machen, entsagte sie der Brille. Ihre Rede war flüssig und ihr Körper schlank. Das Leben erdrückte sie nicht mit der Last voll gelebter Jahre; im Gegenteil, es ging von ihr, und so wurde sie durchsichtiger und leichter. In Wirklichkeit konnte man gar nicht sagen, sie sei alt: Man bemerkte kaum ihr graues Haar.

Emilio hingegen sah alt aus, doch glich er nicht etwa einem Großvater. Er besaß nicht jene ruhige Würde gut portraitierter Greise. Er war ein alter Gentleman, der auch noch um ein Mädchen werben konnte. Sein graues Haar, sein weißer Bart, sein leicht arrogantes, doch männlich elegantes Aussehen, seine tadellosen Anzüge, seine Handschuhe waren der Inbegriff der Korrektheit. Mit einem Kind an der Hand hätte man geglaubt, er sei erst kürzlich Witwer geworden, als Verlobter einer Fünfundzwanzigjährigen hätte man seine liebenswerte Klugheit loben müssen.

Seine Tante und er waren zwei glatt polierte Marmorstatuen. In ihrem Innern waren sie Kinder, die eine verspätete Naivität hinter maßvoll vorgetragenem Stolz verbargen. Die Grazie der alten Dame verdeckte kindliches Erstaunen, die Kälte des Neffen verhüllte das Mißtrauen eines Halbwüchsigen. Außerdem bedienten sie sich einer poetischen Sprache, formten Sätze wie belesene Banausen, die nie die Intimität der Liebe, jener großen Meisterin der Einfachheit, erfahren haben. Außerdem waren sie romantische Naturen. Erst vor drei Monaten hatte Emilio seiner Tante eine durch Vermittlung des berühmten Vogelhändlers Gotlieb Waneck für viel Geld aus Prag importierte Nachtigall geschenkt, noch dazu in einem echten Käfig von Guido Findeis aus Wien. Vor zwei Nächten hatte der Vogel gesungen, und mit dieser Nachricht überraschte Señora Olivia ihren Neffen eines Dienstagabends, während sie die Schachfiguren aufstellten. Emilio, galant wie immer, hatte dem Vogel sein Lieblingsfutter mitgebracht: eine Futtermischung von M. Duquesne aus dem Département Eure, denn in puncto Pflege verließ er sich eher auf französische Methoden.

Der bereits ein Jahr dauernden inhaltslosen Gespräche überdrüssig, war jene Nachtigall ein Thema, das sie begierig aufgriffen. Und von der Nachtigall ... zu Shakespeare!

«In Verona», sagte Señora Olivia, «lernte ich die Lerche lieben, als ob ich, schließlich Frau geworden, Romeos Boten finden sollte. Man ist ihr dort besonders zugetan und nennt sie familiär *la Cappellata.*»

«Aber diese hier», entgegnete Emilio, ist keine veronesische Nachtigall. Es ist die klassische *Philomela* oder deutsche Nachtigall, der einzige Vogel, der zu *komponieren* versteht, indem er seinen Gesang ständig variiert, während jene nur gleichbleibende Melodien singt. Ein wahrhafter Landsmann Beethovens.»

Wie lange hatten sie sich unterhalten? ... Der Frühlingsmond, der vom Hof zu ihnen hereingeschaut hatte, sah sie jetzt von der Straße aus. Und Emilio erzählte eine Geschichte, die so zart und traurig war wie die verwelkten Blumen einer Siegesfeier. Erinnerte sie sich noch, wie er als zwölfjähriges Kind typhuskrank zu Bett gelegen hatte? Sie war seine Krankenschwester gewesen – wie sehr sie sich doch um ihn gesorgt hatte!... Er sah noch die Ringe um ihre Augen, ihre von durchwachten Nächten in goldene Strähnen aufgelösten Haare. Er wußte durch die Äußerungen der anderen, der Erwachsenen, daß sie schön war, obwohl er nicht so recht begreifen konnte, was eine schöne Frau eigentlich war. Aber er liebte sie sehr, wie eine Schwester, die gleichzeitig eine Prinzessin ist. Ihr harmonischer Gang, ihre Hüften flößten ihm bangen Respekt ein. Er war stolz, sie begleiten zu dürfen, und daher war er immer, wenn er an ihrer Seite ging, so ernst. In seinen Fieberträumen war sie die einzige Person, die er nicht schauerlich entstellt sah, und als die Besserung eintrat, an einem Nachmittag – sie trug ein schwarzweiß kariertes Kleid – begriff das während der Krankheit plötzlich zum Mann gereifte Kind, daß die Liebe zu seiner Tante sein Herz mit angstvoller Beklemmung erfüllte. Was er während zwei Jahren des Schweigens für sie empfand, war religiöse Anbetung, im Zaum gehalten von seiner kurzen Hose und seiner Schülermütze, allzu lächerlich für die Liebe... Dann das Gymnasium, die Reisen, die Rückkehr – und immer jene Leidenschaft, die von seiner Seele Besitz ergriffen hatte! Er wurde zum Menschenfeind... wie sollte es auch anders sein! Er sterilisierte sein Leben, verschwendete den Duft jener innigen Liebe des Kindes sinnlos wie ein Weihrauchkorn, das wie von unge-

fähr im Feuerbecken einer vor Erschöpfung einge-
schlafenen Näherin verbrennt... Aber warum erzählte er ihr überhaupt seine zarte traurige Geschichte...?

Die Stille im Salon wurde beängstigend. Die Hand
an der Wange, nur durch das Schachbrett getrennt,
wo die unbewegten Figuren das Spiel nie vollenden
sollten, saßen Tante und Neffe wie schlafend da.
Dort in der Seele des Mannes, in einem schrecklich
gleichförmigen Dunkel, stürzten gewaltige Berge
aus Eis in sich zusammen. Auch Señora Olivia war
in Gedanken versunken. Ja, es war so, wie er sagte.
Sie machte die tragische Krise einer Neunundzwan-
zigjährigen durch. Jener kleine Junge weckte ihr
Interesse, aber sie war es, die zuerst entdeckte, daß
dieses Interesse eine irre, unmögliche Liebe war,
vielleicht eine Versuchung gar. Wie der arme kleine
Junge lag sie eines Nachts im Fieberwahn; die
ernsten Gesichter der Ärzte ließen Schlimmes erah-
nen. Im Haus verbarg man die Tränen nicht mehr.
Dann sprengten ihre Fürsorge als Tante, ihre Aus-
brüche banaler Zärtlichkeit die äußere Schale des
Gleichmuts. Wahnsinnig, ohne zu wissen, was sie
tat, lief sie in das Zimmer nebenan, und dort,
schluchzend und in Tränen aufgelöst, küßte sie wie
besessen das Bild des Kranken. Es war ein blitzarti-
ges Geschehen, doch von dieser Verblendung kam
sie nicht mehr los. Mein Gott, und jetzt waren
vierzig Jahre vergangen! Vierzig Jahre, in denen sie
ihn heimlich liebte, ihm ihre Unberührtheit
schenkte, so wie er ihr seine Seele geschenkt hatte.
Welch erlesener Stolz entstand aus diesem doppel-

ten Opfer, und welch ein Glück, nicht in Unkennt-
nis darüber zu sterben!

Nach und nach überfiel eine nebelhafte Verwirrung
das Bewußtsein der Greisin. Die Jahre, das graue
Haar, die Macht der Schicklichkeit schwanden
dahin. Es gab nur noch zwei Seelen, die das Gestern
und das Morgen in einem einzigen Jetzt der Liebe
verbanden. Und das Mädchen, unberührt unter
dem zarten Schnee seines unvollendeten Greisenal-
ters, eröffnete sich stotternd:

«Emilio ... ich auch ...»

Es überkam ihn ein fast unmerklicher Schauder,
und seine halbgeschlossenen Lider zuckten, ohne
sich zu öffnen. Dort drinnen, im fernen Dunkel
stürzten die Berge aus Eis weiter in sich zusammen.
Und wieder herrschte eine Stunde Schweigen. *Emilio ... Olivia ...* seufzten die undeutlichen Stimmen
der Nacht. Der Mond erhellte jenes Körnchen Tragödie inmitten der Gleichgültigkeit der ewigen
Gestirne.

Unmittelbar neben ihnen, auf dem Klavier, waren
in einer alten Shakespeareausgabe in winzigen
Lettern die himmlischen Worte des unsterblichen
Dramas verewigt. Im silbernen Licht der Nacht,
sehr, sehr weit entfernt, zeichneten sich unerreich-
bare Veronas ab. Und um die schmerzhafte Illu-
sion, welche die beiden alten Seelen in der Erinnerung unwiederbringlich verlorener Liebe einhüllte,
gleichsam vollkommen zu machen, sang plötzlich
die Nachtigall.

Gespenstisch wie ein Auferstandener erhob sich
Emilio unvermittelt von seinem Stuhl. Stehend,

von einer Art unsagbarem Grauen erfaßt, schauten Señora Olivia und er einander an. Es mochte schon sehr spät sein, und es war vielleicht nicht schicklich, wenn sie beide länger zusammenblieben ...

Es war das erste Mal, daß ihnen so geschah. Sie merkten nicht einmal, daß es lächerlich war, so sehr beherrschte sie die Entzückung ihres neuentdeckten Paradieses. Doch der sonst der Schwärmerei so geneigte Mond zerbrach diesmal den Zauber. Ein Strahl fiel auf das Haupt der Greisin, und da lächelte auf den Lippen des Mannes der Tod. Grau! Ihr Haar war wie sein eigenes, jenes Haar, dessen goldenen Strähnen er nach so langer Zeit noch in Erinnerung hatte! Es war Shakespeares Schuld! Wer hätte das gedacht! Eine Liebe ernst zu nehmen, die insgesamt die stattliche Zahl von einhundertzwanzig Jahren ausmachte!

Die Nachtigall sang ... Sie sang zweifellos die kristallenen Klagen der Ferne, die harmonischen Trauerlieder des Todes.

Ein heftiges Klirren springenden Kristalls durchdrang langsam die beiden alten Herzen. Sie standen einander gegenüber und wußten nicht, was sie sagen sollten oder wie sie dem Zauber, der sie in Bann hielt, entrinnen konnten. Schließlich fand sie den Mut, diese absurde Tragödie (sie wußte ja nicht, daß der Mond auf ihr Haar schien) heroisch zu beenden. Als Emilio sich anschickte wegzugehen: «Bleib, die vierzig Jahre Leben, die wir ihnen gegeben haben, sind genug.»

Wahrscheinlich war das Schicksal in diesem Plural miteinbezogen.

Unter Emilios Schnurrbart zeichnete sich ein Lächeln ab, abgezehrt wie das einer Leiche. Es kamen ihm wieder poetische Worte über die Lippen, und mit ironischer Melancholie, die alle Schicksalsschläge geduldig hinnahm, sagte er, Shakespeares Worte abwandelnd: «Nein, liebe Tante, die Kühle der Nacht tut alten Leuten nicht gut. Die Nachtigall hat bereits gesungen, und die Nachtigall ist die Lerche der Mitternacht...»

Inhaltsverzeichnis